畅游临沂

因为一本书，爱上一座城

《畅游临沂》编委会

山东友谊出版社

特别感谢　山东艺术学院传媒学院摄影系第二工作室

且看今朝沂蒙，旧貌变新颜。
到处[illegible]歌燕舞，更有潺潺流水，
高路入云端。
亦拥层层山峦，远望风光无限。

山河辽阔，萦绕沂蒙阙歌，
唱的是祖国山河的柔情似水。
人间烟火，道尽世间繁琐，
说的是日出日落的平凡生活。

琅琊五圣

王祥 孝聖

曾子 宗聖

劉洪 算聖

諸葛亮 智聖

王羲之 書聖

永和九年，
岁在癸丑，
暮春之初，
会于会稽山阴之兰亭，
修禊事也。
群贤毕至，
少长咸集。
此地有崇山峻岭，
茂林修竹，
又有清流激湍，
映带左右，
引以为流觞曲水，
列坐其次。
虽无丝竹管弦之盛，
一觞一咏，
亦足以畅叙幽情。

——《兰亭集序》

王羲之

WANG XIZHI

臣本布衣，
躬耕于南阳，
苟全性命于乱世，
不求闻达于诸侯。
先帝不以臣卑鄙，
猥自枉屈，
三顾臣于草庐之中，
咨臣以当世之事，
由是感激，
遂许先帝以驱驰。
后值倾覆，
受任于败军之际，
奉命于危难之间，
尔来二十有一年矣。

——《出师表》

諸葛亮

ZHUGE LIANG

刘洪，字元卓，东汉泰山郡蒙阴人。东汉永建四年（公元129年）生，建安十五年（公元210年）卒，是汉光武帝刘秀的侄子鲁王刘兴的后代。身为皇族贵胄，刘洪自幼接受了良好教育，尤其在算术、天文历法方面，表现出极高天赋与浓厚兴趣。据三国时期魏国的徐岳《数术记遗》载：洪『博学多闻，偏于数学』；《续汉书·律历志中》云：『洪善算，当世无偶。』

劉洪

LIUHONG

言不远身，
言之主也；
行不远身，
行之本也。
言有主，
行有本，
谓之有闻矣。
君子尊其所闻，
则高明矣；
行其所闻，
则广大矣。
高明广大，
不在于他，
在加之志而已矣。

——《大戴礼记·曾子疾病》

曾子

ZENGZI

母常欲生鱼，时天寒冰冻，祥解衣，将剖冰求之。冰忽自解，双鲤跃出，持之而归。

——《搜神记》卷十一

中华经典藏书系列

王祥

WANG XIANG

目录 Contents

第二章 贰

红色圣地，沂蒙精神

P028

叁 第三章

山水琅琊，生态沂蒙

P050

肆 第四章

游沂送曲，览山悦水

P104

伍 第五章

山居秋暝，隐世闲居

P128

陆 第六章

群仙洞府，浴日温泉

柒 第七章

满城珍馐，倾城食光

捌 第八章 匠人匠艺，地道民俗

P204

玖 第九章 物华天宝，享誉华夏

P234

拾 第十章 凡心所向，万般风华

P240

拾壹 第十一章 私享 P264

九州名郡

文化古城

琅琊古郡，书法名城，浩繁文史，源远流长。

第一章

琅琊古郡，书圣故里

文 / 十三月

临沂，中华文明的发祥地之一。

50 万年前，临沂先民在北部的鲁中山区创造了远古文明。旧石器晚期，先民自山区迁徙南下，定居于沂沭河大平原。新石器时期，沂沭河流域繁荣兴盛，逐渐出现了密集的聚落群。5000 年前，聪慧的临沂人已经掌握了酿酒技术，开始使用砭石治病。

秦统一全国，推行郡县制，临沂地域属名琅琊郡和郯郡。之后，临沂历经多次历史变迁，“琅琊”二字与此地相伴相生。

临沂自古衔山抱水，地理环境优越。沂蒙山山系绵延八百里，岱崮地貌造化天工，沂河、沭河蜿蜒流淌，汩汩河水滋育一方土地。

如此钟灵毓秀之地，自然留下了宝贵的文化古迹。银雀山曾出土过汉墓竹简，内容包括《孙子兵法》《孙膑兵法》《六韬》《尉缭子》等先秦古籍及古佚书；金雀山出土的汉代帛画，是长江以北发现的唯一一幅西汉帛画。王羲之故居院内绿树如荫，保存有曲水流觞、晒书台等景点；兰陵古镇誉满华夏，“玉碗盛来琥珀光”的绝句仍在传唱。齐长城穆陵关遗址和费国、

郯国故城遗址记录着以往列国纷争的悠悠岁月，明光寺和灵泉寺见证了中外互通的文化融合。

曾参、子路、荀况是活跃在春秋战国时期的璀璨明星；诸葛孔明择主刘备，立下了促成三国鼎立的汗马功劳；颜真卿创颜体楷书，参与平定“安史之乱”；萧道成能文擅书，成为史上首位亲自著作围棋书籍的皇帝。

到了抗战时期，临沂地区更汇聚为红色革命的海洋。沂蒙、井冈山和延安并称为中国革命战争时期最重要的三大老革命根据地。

旧日的临沂，是琅琊故郡、文化

圣地，今日的临沂，是鲁南新府、时尚之都。琳琅满目的购物广场，多姿多彩的夜生活，各具特色的咖啡馆和小酒吧，书盈四壁的特色书店……林林总总，构成了临沂当下既繁华热闹又惬意小资的都市生活，也使临沂这座古老城镇迸发出新鲜活力。

千年古郡，时尚之都。临沂市不同的标签，代表着当地源远流长的中华文明，也代表着当地人日新月异的美好生活。

銀雀山下

铁马冰河入梦来

文/十三月

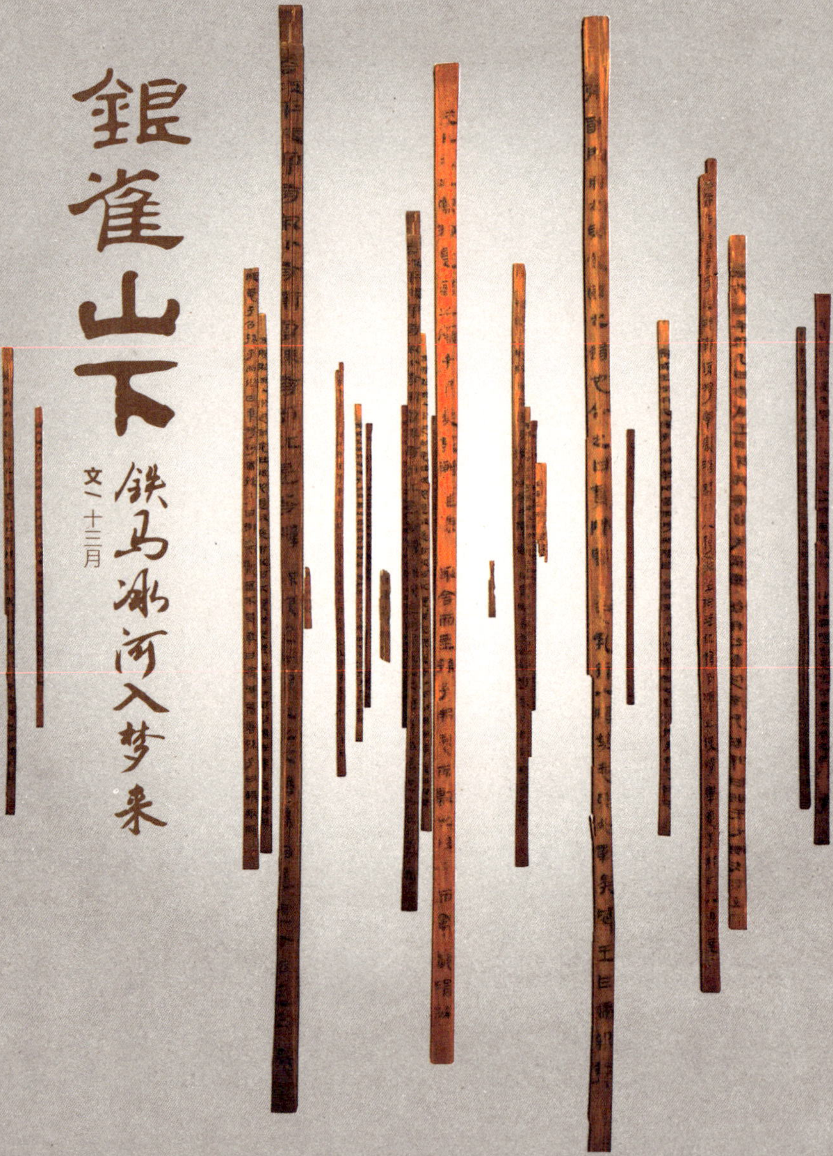

在 1972 年之前，兵学研究史上一直有个千古之谜：孙子和孙膑是否为同一人？其著作究竟是一部还是两部？

这一谜题直到 1972 年 4 月才得以解开，原因便是银雀山一、二号墓出土了 7500 余枚以兵书为主要内容的竹简。

竹简内容包括《孙子兵法》《孙膑兵法》《尉缭子》等先秦古籍，大部分为古佚书，均为西汉时手书，为研究中国的历史、哲学、兵法、历法和简册制度等提供了宝贵资料。

而这一些兵书的源头，都要从孙武说起。

孙武生于吴楚相争时期，经伍子胥举荐，获封吴国将军。在和楚国的战争中，他先后贡献了“伐交”“因粮于敌”等战略，只用了 5 次大战就攻破了楚国国都郢，重振吴国雄风。

不过在好友伍子胥遭到杀害后，他决定不再为吴国的对外战争谋划出力，隐居乡野，修订其兵法著作。其兵书《孙子兵法》13 篇被誉为“兵学圣典”，他也因此被称为“兵家至圣”“百世兵家之师”。

孙膑的故事要更为耳熟能详一些。

他是孙武的后人，早年间和庞涓同窗，因受庞涓迫害遭到膑刑，投奔齐国，被齐

Tips

银雀山汉墓竹简博物馆

银雀山汉墓竹简博物馆馆藏一、二号西汉墓发掘出土了 7500 余枚以先秦兵书为主要内容的竹简，包括《孙子兵法》《孙膑兵法》《六韬》《尉缭子》《晏子》《守法守令等十三篇》等先秦古籍及西汉武帝时的《元光元年历谱》等。这些古籍均为西汉时手书，是较早的写本，为研究中国历史、哲学、古代兵法、历法、古文字学、简册制度和书法艺术等方面都提供了宝贵的资料。银雀山汉墓竹简的学术价值还体现在临沂银雀山汉墓整理的大批先秦竹简，无一儒家经典，而道家和兵法类文献则占有相当大比重 。

2012 年，银雀山汉墓竹简中的《孙子兵法》被评为中国九大镇国之宝之一。

威王任命为军师。他深谙兵家思想，辅佐齐国大将军田忌两次击败庞涓，取得了桂陵之战和马陵之战的胜利，奠定了齐国的霸业。

孙膑的军事思想主要集中于《孙膑兵法》一书，他主张慎重地对待战争，提出将领只有掌握了战争的规律，指挥得当，才能保证取胜。其兵书体系之完备，运用之出神入化，连毛主席也曾称赞：“攻魏救赵，因败魏军，千古高手。”

如今，以孙家兵学为代表的兵书著作已被保存到了银雀山汉墓竹简博物馆中。千年竹简，穿越历史时空，和银雀山旁的仿古建筑、亭台水榭、松柏花竹和谐地融为一体。

银雀山下，风雨岑寂，千年兵家相争的过往已化为后世书上的一页页文字；银雀山下，铁马冰河，冷兵器时期的战略思维和哲学智慧至今仍闪耀着灼灼光芒。

荀子

这位儒家大师，竟是词赋之祖

文／十三月

提到辞赋，会想到司马相如的“有美人兮来何迟，日既暮兮华色衰”，曹植的“翩若惊鸿，婉若游龙”，却很少有人追溯辞赋的源头，想到荀子的《赋篇》。

也很少有人注意到，这位誉满天下的儒家先哲是第一个写赋的人，他和屈原一同被尊为“辞赋之祖”。

战国末年，作为百家争鸣的主阵地齐国临淄城的稷下学宫已久负盛名，吸引了自赵国远道而来的荀子。据《风俗通义》记载，荀子15岁便到临淄游学。学成之后，在齐襄王时期，曾“三为祭酒，最为老师”，一度成为稷下学宫最重要的领袖人物。也正是在这个时期，他对百家思想进行研究和总结，最终走上了传承和发展儒家思想的道路。

然而，荀子坚持的儒家思想又与孔孟儒学有所不同，他以孔子的“仁”和孟子的“义”为内核，继二人之后提出了“礼”和“法”，同时又吸取道家、墨家、法家的思想内涵，形成了自己博大的思想体系。现存《荀子》32篇，可从中见其兼容并包的意识和适应时代的务实精神。

除了在思想和政治上的成就，荀子的文学底蕴也非常深厚，其散文《劝学

TIPS

荀子

荀子（约前313年—前238年），名况，字卿，战国末期赵国人。著名思想家、文学家、政治家，时人尊称“荀卿”。荀子是战国晚期儒家思想的代表人物，他认为人性生来有“恶”，否认天赋的道德观念，强调后天环境和教育对人的影响。其学说常被后人拿来跟孟子的“性善论”比较。除此之外，荀子对重新整理儒家典籍也作出了相当显著的贡献。

篇》中的经典名句“锲而舍之，朽木不折；锲而不舍，金石可镂”至今读来仍朗朗上口，他不但被称为“先秦散文大家”，在诗、赋、民间文学上也都达到了很高造诣。

后世郭沫若曾在《十批判书·荀子的批判》中说：“荀子是先秦诸子中最后一位大师，他不仅集了儒家之大成，

而且可以说是集了百家的大成的。”

而这样一位全才，却在仕途上饱经坎坷，曾两度出任楚国兰陵（今临沂市兰陵县）令，后蛰居于兰陵著书立说，死后也葬于兰陵。

千年匆匆而过，松柏青了又青，如今坐落于兰陵县的荀子古墓还不时令我们回想起战国时期的百家争鸣和文化灿烂。

諸葛亮回忆录

文/十二月

建兴十二年（公元 234 年），在五丈原，诸葛亮积劳成疾，终于病倒了。

营寨之中，各位将军和士兵进出如常，大家以为丞相只是生了个小病，却不知，每天大半时间他的精神状态都已经变得恍恍惚惚。

这是他第五次出兵北伐。魏军重兵在前，敌营中又有劲敌司马懿在，他所面对的压力空前绝后。

每当营帐内只剩下自己时，他便开始回忆过去的事情。

他想他在后世史书的载录，应该由先主三顾寒舍开始。

当时在隆中春日晴光正好，自己小憩了一会儿，醒来发现先主静静在门外候着，其时曹操北据，孙权东守，欲图天下之新形势，又能在何处站稳脚跟呢？他只能劝先主拿下西川以成大业。先主当即采纳，敬称他为“先生”，当时他便知道，二十七岁，他终于等到了自己的主公。

之后虽然寄居荆楚之地，需要小心翼翼、遮掩锋芒，可他心里却是乐观坦然的。毕竟他乃一介布衣，要想建功立业、留名史册，第一条要求便是伯乐的赏识。先主信任他、看重他，还有比这更重要的吗？

赤壁一役，是周瑜最耀眼的时刻，也是他最重要的时刻。周瑜赢得了千古芳名，而他，也为平定荆南四郡、扎根西南赢得了契机。其后，他们占领荆州，南拓北守，扎稳根基。在曹丕称帝后，他也助力当时已为汉中王的先主登上帝位，自己担任丞相一职。

这一生跋山涉水，到底最怀念何处呢?

脑海中闪过一个强烈的念头，诸葛亮颇觉意外。

琅琊。

他虽只在故土待过几年，现在却拼命在想念，想念北地的壮阔山水，想念北地人的豪情汹涌，也想念故乡的亲邻长辈，想念环绕在父母膝下时的嬉闹时光。

或许，是因为他就要落叶归根了。

就连陛下派来慰问的李福也看出来了，接连询问：“丞相百年之后，谁可担负国家重任?”

诸葛亮说：“蒋琬吧。”

“蒋琬之后呢?”

“费祎。”

虽然他曾试图拖延，但这一刻终于还是来了，此生颠簸辗转耗尽心力，如果有来生，就让他安身于琅琊吧，做一株草，做一朵花，自在随风摇曳。

TIPS

诸葛亮

诸葛亮（181 年－234 年），字孔明，号卧龙，琅琊阳都（今山东临沂市沂南县）人，三国时期蜀国丞相，杰出的政治家、军事家、外交家、文学家、书法家、发明家。

欣俛仰之間以為陳迹猶不
能不以之興懷況脩短隨化終
期於盡古人云死生亦大矣豈
不痛哉每攬昔人興感之由
若合一契未嘗不臨文嗟悼不
能喻之於懷固知一死生為虛
誕齊彭殤為妄作後之視今
亦由今之視昔
悲夫故列
敘時人錄其所述雖世殊事

吾家洗砚池头树

暗香幽幽待君来

文/周亚

世人皆爱王羲之《兰亭集序》，常用曹植《洛神赋》之“翩若惊鸿，婉若游龙，荣曜秋菊，华茂春松。髣髴兮若轻云之蔽月，飘飖兮若流风之回雪”来颂扬其书法之逸美，赞誉王右军天赋异禀、旷世奇才。

殊不知，王羲之之所以被人们誉为“书圣”，取得如此之高的书法成就，固然因其天资卓越，但更重要的却是因为数十年如一日、锲而不舍地勤学苦练。

王羲之出身簪缨世家、书法名门——琅琊王氏。他自幼从父学书，勤学苦练，且天资极高，七岁时就写得

十分出众。那时，王家门口有一方清澈见底的水池，长有几枝精巧的小荷，并时时有蛙鸣入耳，景致十分宜人。相传，年幼的王羲之临池学书，每次练完字，都会到水池里洗笔刷砚。天长日久，一池绿水竟被墨汁染得乌黑，历经千年，其色不变。后人为纪念王羲之，称此池为“洗砚池”，也称之为“墨池”。

年深日久，随着池水渐渐发黑，王羲之的笔力也日益增进。据说晋明帝司马绍有一次要到建康北郊的覆舟山上祭祀，便让王羲之将祭文写在木制祝板上，再着人进行雕刻。雕刻的工人在雕刻时感到十分惊

奇，他把木头剔去一层又一层，发现墨迹竟已渗进木板深处，直到剔去三分厚才得见木之底色，不由叹曰：“竟入木三分，竟入木三分！”这就是“入木三分”这一成语的由来。

如今，走进王羲之故居，走过磐石小径，路过古色碑廊，仍能看到那一湾乌水，水面上点缀着朵朵红荷，鲜妍可爱。走近了，仿佛仍能闻到阵阵墨香，从水面飘来，从一千多年前飘来，而那位持笔的少年，于池边长身而立，正在等待我们的到来。

TIPS

王羲之故居

王羲之故居是一座古典园林式建筑，全国重点文物保护单位、山东省重点文物保护单位、国家AAA级旅游景区。景区内主要建设有洗砚池、碑廊、琅琊书院、晋墨斋、沂州普照禅寺、右军祠、左公祠等景点。

兰山区洗砚池街20号

0539-8226345

谁执笔谁写下这一幕汉晋文化？

文／十二月

在临沂市积厚悠远的历史进程中，“汉”和“晋”是两个灼灼生辉的节点。

汉初的临沂，北属琅琊郡，南属东海郡。自古以来，文化随着文明进步而发展，其期间几度起伏兴衰，历经汉武盛世和昭宣中兴后，王莽篡汉，古临沂文化才随着西汉文明告一段落。

直到东汉光武帝中兴，光武帝之子刘京受封为琅琊王，琅琊的地位才在中华再度复起。之后，琅琊人宫厥把《太平清领书》献给汉顺帝，“太平道”广为流传，临沂地区也一跃成为中国道教的发源地之一。

当时临沂地区的汉家文化之繁荣，存世的金雀山帛画和不断被发掘的汉代古墓出土文物便是最好的证明。

金雀山帛画延续了当时认为人死后灵魂升天的主题，为后人研究当地早期的绘画和风俗提供了珍贵的实物资料。而银雀山汉墓出土的竹简包括的《孙子兵法》《尉缭子》《晏子》等先秦古籍，则为研究中国古代的兵法、文学简册制度和书法艺术提供了可贵的资料。

到了魏晋南北朝时期的临沂，曾一度成为全国的经济文化中心。

当时的临沂地区作为全国最辉煌的人才高地，涌现出一批建树卓越的政治家、军事家、思想家、文学家和书法家，诸葛亮出将入相，未出茅庐而知天下三分；王祥卧冰求鲤，孝道文化影响至今；王羲之自成一家，《兰亭集序》被后世誉为“天下第一行书”；王导稳定晋室、进爵为公，其后辈随晋室朝堂南迁之后，形成“王与马，共天下”的格局。

贤才荟萃之地，自然也留下了丰厚的文化积淀。临沂作为仅次于曲阜、邹城的儒学圣地、兵法圣地、书法圣地、珠算圣地和两晋文化的发源地，留给后世丰富的文学专著和理论专著，留下了宝贵的家族教育著作《颜氏家训》等。

以史为鉴，可以知兴替。

临沂拥有璀璨夺目的汉晋文化，而这些宝贵的汉晋文化一直影响着当地文化乃至华夏文明。

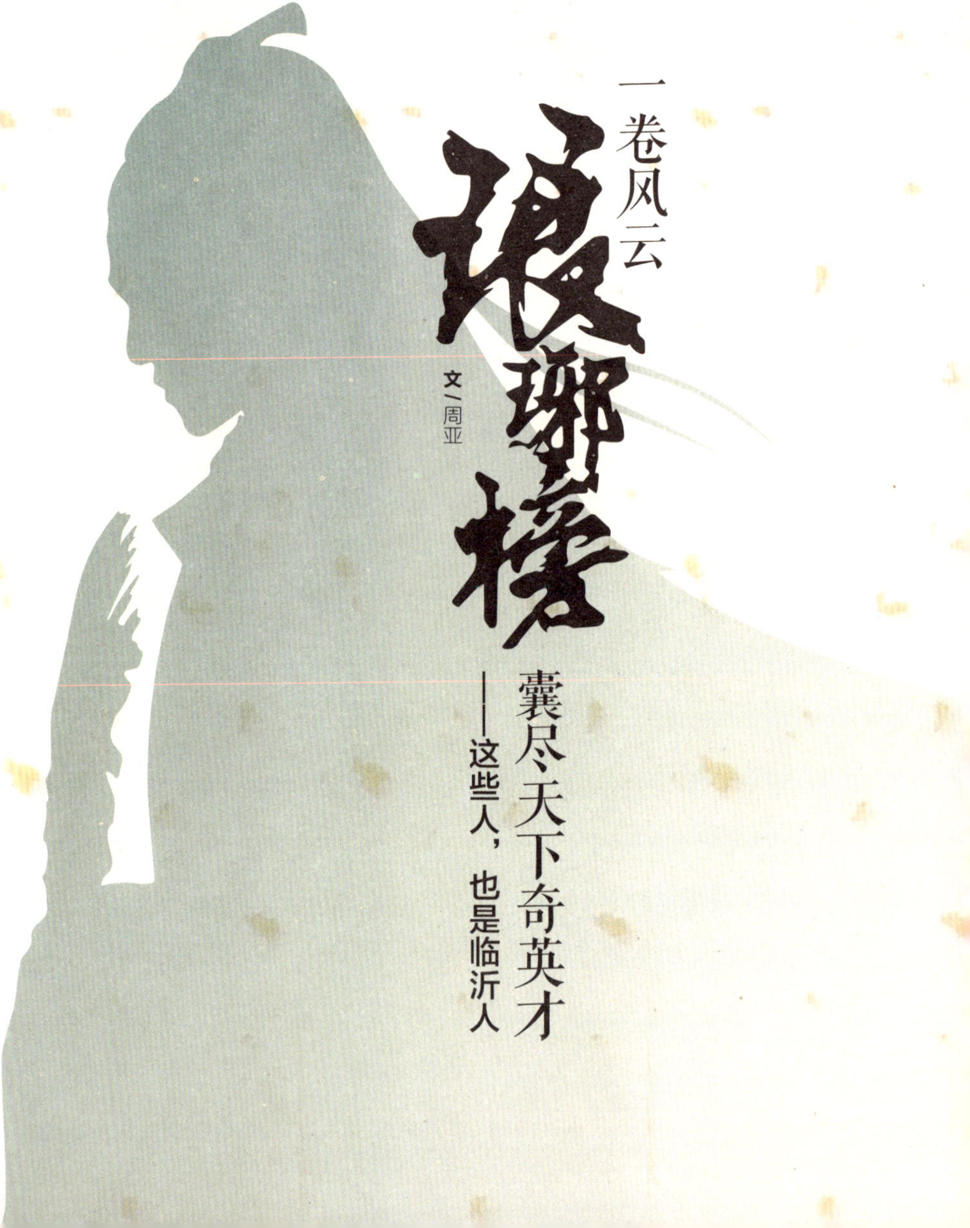

一卷风云琅琊榜

囊尽天下奇英才

——这些人，也是临沂人

文/周亚

曾子

“修身齐家治国平天下”

曾子（前 505 年—前 436 年），春秋末年鲁国南武城（今平邑县）人，十六岁拜孔子为师，勤奋好学，颇得孔子真传。他积极推行儒家主张，传播儒家思想，在修身和躬行孝道上颇有建树，是孔子学说的主要继承人和传播者之一，在儒家文化中居有承上启下的重要地位。相传《大学》为他所著，其论述了儒家修身治国平天下的思想，内涵深刻，影响深远。

“一文一武辅秦皇”

蒙毅（？—前 210 年）、蒙恬（约前 259-前 210 年），祖籍齐国（今蒙阴县），蒙氏家族三代仕秦，攻城略地，出生入死，为秦始皇统一六国立下汗马功劳。蒙毅、蒙恬兄弟二人一文一武，蒙恬管军事在外统兵，蒙毅在内辅佐秦始皇，被誉为“忠信大臣”。公元前 210 年，秦始皇病死，赵高同丞相李斯、公子胡亥暗中谋划政变，胡亥即位后，赐死蒙氏兄弟。

蒙毅 蒙恬

匡衡

"凿壁偷光"

匡衡（生卒年不详），祖籍东海承县（今兰陵鲁村人）。他出身于农家，家境贫寒，但自幼好学，不为家贫所误。匡衡年少时，常给人家当短工而不取酬劳，只是以借主人的书看作为报酬。匡衡家贫而买不起蜡烛，他的邻居比较富裕，为了学习，匡衡便将墙壁掏个洞，"偷"来邻居家的亮光读书，这就是脍炙人口的"凿壁偷光"的故事。

刘洪

"珠算之父"

刘洪（约 129 年—210 年），字元卓，东汉泰山郡蒙阴（今蒙阴县）人，杰出的天文学家和数学家，为官数载，清正廉洁，吏民皆畏而敬之。

刘洪自幼勤奋好学，学识渊博，潜心研究天文历算，写成《乾象历》《七曜术》和《九章算术》等专著。刘洪博学多闻，偏于数学，发明了珠算，使人们的计算能力产生了一次飞跃，被尊为"珠算之父""算圣"。

“卧冰求鲤”王祥

王祥（184 年－268 年），魏晋时期大臣，琅琊临沂（今兰山区西孝友村）人。王祥非常孝顺，其生母早逝，继母朱氏对他并不好，多次在王祥父亲面前说王祥的坏话，所以王祥的父亲也不喜欢他，常让他打扫牛圈，但王祥并不记恨父母，反而更加恭谨。父母生病时仍衣不解带地侍奉左右，留下了“卧冰求鲤”的千古佳话。

王戎“竹林七贤”

王戎（234 年－305 年），魏晋时期名士，“竹林七贤”之一，是竹林七贤中年纪最小的一位。

王戎早而夙慧，七岁时和朋友们一起玩耍，看见路边有一株李子树，结了很多李子，枝条都被压弯了。孩子们都争先恐后地跑去摘果子，唯独王戎没有动。有人问他为何不去，王戎回答说：“这树长在路旁，过往人多。若是甜李子，早被摘完了，可见这李子一定是酸的。”人们一尝摘下来的果子，发现果然如此。

第二章

红色聖地

沂蒙精神

沂蒙山下的星星之火，
英雄故里的山高水长。

红色圣地 不朽丰碑

文／了了

有没有这样一片让人踏上去就会肃然起敬、热泪盈眶的土地?

我想，是有的。

凝聚了血与泪、柔与刚的两战圣地流传着许多令人动容的历史故事。同延安、井冈山、西柏坡一样，沂蒙地区也是举世闻名的老革命根据地。

当我踏上这片土地时，脚步是沉重的，整个人都紧绷在一起，我脚下的每一步都是吃苦耐劳的沂蒙人民在革命战争年代一个脚印一个脚印走出来的。思及此，我就没办法以放松的心情来游览，只想多感受一点，想离那故事中的人再近一点。这是我第二次来沂蒙，心情仍然如第一次来一样。我想这应该就是沂蒙的神奇之处，不管你来过两次三次还是上百次，心情是不会变的，尤其是在了解了沂蒙的这段历史之后，也定然始终对这片红色的沃土满怀敬重。

如果你到过沂蒙，那你肯定听过“红嫂”乳汁救伤员、送子支援前线的故事，那你肯定听过“渊子崖村”的大名，那你也肯定听过沂

蒙母亲的事迹……八百里连绵不断的山川投映出的一幕幕画面，往事在眼前重现，心中立刻变得严肃、沉重。

一路游览下来，诸多故事已然串成了一条线，沂蒙人民手推独轮小车带着煎饼支援前线，搀扶着受伤的战士送去救治……眼前闪过的是那一张张朴实的面容，但却因有了坚定目光的点缀变得格外耀眼。

若是对沂蒙地区有所关注，就一定知道2013年习近平总书记在临沂考察时，把沂蒙精神高度概括为“水乳交融，生死与共”这八个字。这无疑是最贴切的形容了，要知道祖国能有今日的

繁荣昌盛离不开沂蒙人民以及无数革命老区群众的无私奉献。

半个多世纪过去，当年的“红嫂”、奋身支援前线的战士有的故去，有的也已近耄耋。时移世易，人终究有不在的一天，但在峥嵘岁月中留存的沂蒙精神犹如一块不朽的丰碑，永远屹立在我们心中，代代延续，世世相传。

光辉岁月里，英雄孟良崮

文/侯雅文

一间石头堆砌而成的房屋里，裹小脚的老太太正佝偻着身体，用家里最后的一点玉米面烙着煎饼。村长抱着一堆柴草进门，老太太见这一堆柴草惊讶地问："村长，这不会是把你家的团瓢给拆了吧？你这是把家都豁出去了啊！"村长回道："为了解放全中国，解放军连命都豁出去了。支援前线，俺不怕拆尽家业！"说着，他装好煎饼就急匆匆往孟良崮的方向赶去了。

这样动人的场景每天都在临沂上演，而此时的孟良崮却正在进行着一场鏖战。

华东野战军全线出击，其中一部分负责围攻龟缩在孟良崮上的国民党军整编第七十四师，另一部分负责阻击国民党军援兵。

战争原本是军事的较量，但在这场战役中，较量的已不再仅仅是军事，民心向背成了决定战役胜败的关键。有千百万人民支持的华东野战军取得了战役的最终胜利。

多年以后，这里曾经的浴血奋战、沙场狂飙早已灰飞烟灭。但每当孟良崮战役胜利纪念日的时候，人们总要再次攀上那座山，为那座红色的丰碑献上一束花。

走进孟良崮，青山依旧不改，风吹动树林沙沙作响，似在倾诉着一段辉煌过往。浏览孟良崮战役纪念馆，伸手抚触外墙上 194700 枚弹壳，让人仿佛一下子回到了那血雨腥风的战场，听见了响彻云霄的枪炮声，看见了革命军人们无畏的挺进和漫山遍野的红色。

此刻我仿佛才明白，当年的沂蒙人民不惜一切支援前线，所急切盼望着的不是简单的"胜利"，而是和平与统一。

如今，每当红彤彤的太阳又从东方升起，温暖的阳光拂照着我的脸庞。我仰起头看着晴朗的天空问自己：身为沂蒙儿女，今时今日可还坚守着前人传承的信念？每次回答都是一样地坚定：是的！守卫和平，生死与共！

TIPS

孟良崮旅游区

孟良崮旅游区位于蒙阴县境内，1947年华东野战军在此一举歼灭了国民党军的精锐部队——整编第七十四师而使其名扬海内外。景区由战役纪念馆和孟良崮国家级森林公园组成，景区内包含自然美景、战争遗迹、历史介绍、艺术展出等多方面内容，现已成为“中国红色旅游十大景区之一”、国家AAAA级旅游景区、全国爱国主义教育基地和全国百家红色旅游经典景区。

比电影更感人的，是原型背后的故事

文 / 周亚

2009 年，电影《沂蒙六姐妹》作为向新中国成立 60 周年的献礼片在全国公映，感动了无数观众。

影片讲述的是解放战争时期，战事吃紧，男人们大都上了前线，妇救会长则带领妇孺老幼承担着艰巨的支前任务。

她们不分日夜地摊煎饼、筹马草、做军鞋、拆门板做单架、冒着枪林弹雨救护伤员，置自己的生命安危于不顾……她们从战火硝烟中走来，用勇敢、坚毅、无私奉献，诠释了感动中国的沂蒙精神。

《沂蒙六姐妹》改编自真实的红嫂故事。

孟良崮战役期间，在蒙阴县烟庄村，有 6 位出身寒微的女性，她们一天只舍得吃一

顿饭，却不停为支援抗战前线忙碌着，操劳着……陈毅元帅为她们取名“沂蒙六姐妹”。

沂蒙六姐妹带领村中妇女摊煎饼支援前线。饿了舍不得吃粮食，就吃两口榆钱饭凑合；手上烫起了泡，就挑破了接着干……两天之内，她们将 2500 多公斤粮食烙成煎饼送到了前线，保证了战士们的食物供给。

她们心疼革命战士打赤脚走路、常常把脚磨得淌血流脓，便夜以继日地赶工做军鞋。一只鞋底要纳 120 行，一行要过 30 多针，每针都要过眼、穿线、走线、拉紧……六姐妹带领乡亲们共做出 500 多双军鞋。这些鞋伴着战士翻山越岭、南征北战。

在战斗打得最激烈的时候，沂蒙姐妹还主动承担起了运送粮秣和弹药的任务。她们动员村中妇女组织运输队，一箱弹药七八十公斤，一个人扛不动就两个人抬……她们穿过一个个村庄，翻过一道道山梁，将粮秣、弹药顺利送达前沿阵地。

做军鞋 500 多双，摊煎饼 7.5 万公斤，筹集军马草料 1.5 万公斤，洗军衣 8500 多件……这些数字，支撑起了民族的希望。

陈毅元帅曾说，我就是躺进棺材里也忘不了沂蒙山人，他们用小米供养了革命，用小车把革命推过了长江。迟浩田上将为她们题词“沂蒙六姐妹，拥军情不忘”。沂蒙六姐妹，拥军情难忘……

蒙山高，沂水长。好红嫂，永难忘

文／无然

“生活以痛吻我，我却报之以歌。”这句话放在明德英身上，尤为贴切。

1911年，沂南县一个贫苦农民家庭迎来了一个女孩的降生，父母为她取名为明德英。2岁时，明德英因病致哑；5岁那年，母亲一病不起，未过多久便离开人世……小小年纪的明德英饱尝人间疾苦。

明德英25岁时在二叔的介绍下，嫁给了生活同样贫困的李开田，夫妻二人看林守墓以维持生活。明德英勤快、聪慧，李开田朴实、肯干，在那个缺衣少食的动荡年代，夫妻二人开辟零星林间田地种粮食，捡拾树木枝叶作柴草，在墓地边用茅草搭建了一个窝棚为“家”。

1941年11月，侵华日军推行第三次“治安强化运动”，对沂蒙山区实行“铁壁合围”，进行了长达两个月的大规模“扫荡”，给沂蒙根据地人民带来一场空前惨重的浩劫，明德英雄夫妇原本清贫却平静的生活被打破了。

在那场大“扫荡”中，一名八路军小战士冲出敌人的包围圈，一路跑到马牧池村西河岸边。他身负重伤，为躲避日军的追赶，只好在坟茔、树木间躲藏。

这一幕恰巧被明德英看到，她将小战士藏进自家窝棚。日本兵追过来，发现她不能开口讲话，便比画着战士的身高、衣着，向她询问战士的下落。

明德英机智地指了指西山，日本兵一路追去。日本兵走后，明德英赶忙查看小战士的情况，只见小战士因伤口流血过多，已经陷入了昏迷。

情急之下，正在哺乳期的明德英将乳汁一滴一滴地喂进战士的嘴里……甘甜的乳汁将小战士从死神手中抢了回来。

她用慈母的胸怀，谱写圣歌；用无私的奉献，赢得尊重。她是沂蒙红嫂的代表，她们是无数战士心中平凡却伟人的母亲。

我以恩情呼唤您

母亲

文/周亚

在沂蒙革命纪念馆，我听说了这样一个故事——一个普通的沂蒙姑娘成长为伟大沂蒙母亲的故事。

故事的主人公，名叫王换于。

她出生在沂南一个贫苦家庭里，封建时期重男轻女的父母甚至都未给她取个名字。19 岁那年，父母因两袋谷子的彩礼将她嫁给一户于姓人家。

身处困境反倒使得她更坚强、从容地面对生活。抗日战争全面爆发后，她积极参加抗日活动，逐步被培养成抗日积极分子。1938 年，50 岁的她申请加入中国共产党。因为没有名字，党组织在登记名册时犯了难，一位干部联想到她“两斗谷子换亲”的经历，为其取名为王换于。

王换于是优秀的共产党员，更是无数人心中伟大的沂蒙母亲。

1939 年，为躲避侵略者“扫荡”，中共山东分局和八路军第一纵队司令员徐向前来到了东辛庄，随行的还有许多抗战将士子女，饱一餐饿一餐的生活环境使这些孩子们个个面黄肌瘦。

王换于见此，便对徐向前提出了建立战时托儿所的建议，将孩子们分散到各个可靠的群众家中代养。1939 年 10 月，东辛庄抗日战时托儿所正式成立，王换于任负责人。

王换于尽心尽力地完成任务，挨家挨户地托付孩子。她在发动群众的同时，身先士卒——粮食不够，她让儿媳用乳汁抚养烈士后代，让自己的孙子吃粗粮；敌人扫荡，她带着孩子们躲进山洞，一住便是两个多月；孩子生病，她冒雨下山请医生，全然不顾自己全身多处划伤。多亏了托儿所周全的安排、悉心的照料，后来，孩子们安然无恙地回到父母身边。

与此同时，王换于的 4 个孙子却因长期营养不良，先后不幸夭折……都说女人能顶半边天，王换于却是顶起了那些将士子女的整片天！伟大的沂蒙母亲，我们以永世难忘的恩情呼唤您！

TIPS

沂蒙母亲王换于纪念馆

沂蒙母亲王换于纪念馆位于沂南县马牧池东辛庄村，全馆分为百年老屋及纪念馆两个部分。纪念馆反映了沂蒙母亲王换于爱党爱军、无私奉献的高贵品质，对党坚定不移的信念，艰苦奋斗的作风。中央军委原副主席、国防部原部长迟浩田亲笔题写了“沂蒙母亲王换于纪念馆”馆名。

在这里，寻回红色记忆

文／谷萌

有人说：电影将人类的生命延长了三倍。

在电影里，我们跨越时间和空间，感受无法接触的维度，走遍世界、遨游太空、回到冰河世纪、想象遥远未来……

TIPS

沂蒙红色影视基地

沂蒙红色影视基地位于“红嫂家乡、沂蒙精神的发源地”——沂南县马牧池乡常山庄村，先后有400多部影视剧在这里拍摄完成，是一处集红色旅游，影视拍摄，康养度假，研学教育、餐饮住宿等功能于一体的国家4A级旅游景区和国内知名的影视拍摄基地。

影视基地，让我们得以窥见荧幕中的一方天地。譬如沂蒙红色影视基地，就将我们拉回那个革命热情高涨、人民协力抗敌的年代。

城楼是战争年代一座城池必不可少的堡垒。沂蒙红色影视基地的城门粗犷而厚重，颇有“一夫当关，万夫莫开”的气魄。进入城内，岗亭、街道、石屋……就这样穿越进别样时空，看过的经典影视剧开始跟随脚步闪现：《沂蒙》《永不磨灭的番号》《红高粱》《铁道飞虎》《沂蒙六姐妹》《斗牛》……这里的一草一木、一砖一瓦都是经典。不时惊喜地和友人交流——那间房我曾在《沂蒙》中看到过，那个戏台是《斗牛》里的场景，那个角楼不是《红高粱》里的嘛！

在这里，红色记忆被寻回，沂蒙精神也被一代代传颂下去。

影视基地并不少见，原汁原味的却极为珍贵。依托沂蒙山区独特的人文环境与地理优势，沂蒙红色影视基地在原有的古村落基础上改建而成，保留了村庄百年的智慧结晶——石头房子与山村气息。而原住居民将家迁至山下政府建设的社区，既过上了衣食住行便利的现代化生活，又可以时常回去看望过去的家，生活品质得以提升继续，曾经的生活记忆也被完好保存了下来。同时影视基地还为村民们提供了许多工作机会，一举多得，意义深远。

在沂蒙红色影视基地中，感受的不仅是影视剧中的情节，更是对宝贵精神财富的传承与发扬。用独特的影视与旅游方式，使红色革命精神一直流传，这大概就是基地建设的初心吧。

TIPS

民族歌剧《沂蒙山》

这部由沂蒙人演绎的民族歌剧，将沂蒙精神贯穿始终，以沂蒙革命老区抗战历史及传承红色文化基因作为主题，生动鲜活地雕绘出了齐鲁大地沂蒙山区军民的英雄群像，夯实了新时代历史观、英雄观、文艺观的坚实基础，是一部红色主题鲜明、教育意义深远的艺术作品，具有“以史鉴今”“以史励今”的时代意义。

为何大地春常在？为何旌旗美如画？

文 / 十三月

“秋风凉，树叶黄，战士杀敌在前方，我为战士缝棉装……”

站在八路军 115 师司令部旧址的门口，不知为何，这首歌谣便忽然飘到了脑海中，于是怀着无比庄重的心情，我上前推门而入，黑色的木门久经岁月发出“吱呀”一声响，连带着历史的厚重感也扑面而来。

院内是二十世纪三四十年代的临沂旧民居，石块垒起的墙壁，稻草搭起的房顶，还有错落分布的几棵老树和几座雕塑，花圃中长势喜人的花花草草是后来栽进去的，石板地面也是后来铺成的，可见当时生活条件的艰苦。

可就是这煤油灯下红薯就野菜的苦日子，115 师却吸引了一批又一批的革命志士。刘少奇、朱瑞、罗荣桓、陈毅、肖华等老一

辈的革命家都在这里工作过、战斗过，他们身居这方小天地，眼观华夏大局势，领导和指挥了山东军民的抗战斗争，也为中国革命的胜利作出了不可磨灭的贡献。

塑立在旧址内的老一辈革命家雕像，神圣而庄严，如今的我们很难想象，他们在那个烽火狼烟的年代，面对积贫积弱的中国，是以怎样的热血和孤勇坚持到了革命的胜利。

我想在遇到困难和挫折时，当地百姓的热情和支持是他们坚持下去的动力。

百姓们被八路军的抗战精神和工作作风所感动，不但自发结为抗战民兵团协助军队作战，还把自己家都舍不得吃的粮食和蔬菜送给八路军，军民协同作战 4 年之后，115 师离开大店镇前往临沂，当地百姓敲锣打鼓噙着热泪前往送别，见者为之感动。

如今的八路军 115 师司令部旧址已经成了革命传统教育和爱国主义教育基地，日复一日诉说着和平来之不易的悠悠往事，也年复一年吸引着像我一样慕名前来的人。

走出 115 师司令部旧址，满城的绿意扑面而来，和刚刚看到的战时疮痍图片对比，心底便有些触动，有一个问题悄悄冒了出来：为何大地春常在？为何旌旗美如画？

或许是因为，总有人在为我们的现世安稳负重前行吧。

TIPS

山东省政府和八路军 115 师司令部旧址

山东省政府和八路军 115 师司令部旧址位于山东省临沂市莒南县大店镇。1941 至 1945 年间，八路军 115 师司令部在庄氏庄园驻扎，刘少奇、罗荣桓、陈毅、肖华、谷牧等老一辈革命家都在这里工作、战斗过，对中国革命作出了卓越贡献。1996 年 11 月，山东省政府和八路军 115 师司令部旧址被国务院批准为全国重点文物保护单位。

临沂市莒南县大店镇

山水琅琊

生态沂蒙

山势有巍峨，
水貌有邈阔。
沂蒙故里有风光。

第三章

叁

又见沂蒙

文/十三月

时隔3年，又见沂蒙秀色。

天色晴好，高空万里无云，行至蒙山脚下，首先见其连绵的山脉和高耸入云的谷峰，偶尔有清凉的山风扑面而来，拂去远途奔波的劳碌疲惫。沿着上山的小路走走停停，观赏路边野花，攀过嶙峋奇石，惊叹于百年的古树，探寻久远的雕刻。山中岁月长，时间仿佛一下子就变慢了。

四周悄寂，那些尘封在岁月里的斑驳往事，便肆意挣脱了出来。

TIPS

沂蒙山龟蒙景区

沂蒙山龟蒙景区位于山东省临沂市平邑县。蒙山古称东蒙、东山，为泰沂山脉的一个分支，总面积达1125平方公里，其中龟蒙景区为625平方公里，主峰龟蒙顶海拔1156米，因其状如神龟伏卧云端而得名，为山东省第二高峰，被誉为“岱宗之亚”。

平邑县柏林镇沂蒙山龟蒙景区

《尚书·禹贡》曾称“蒙、羽其艺”，春秋时期的《閟宫》也有赞颂：泰山岩岩，鲁邦所瞻，奄有龟蒙，遂荒大东。可见，早在先秦，蒙山就和泰山一起，成为齐鲁地区的两座文化名山。

清风过碧潭，松涛缦蒙山。

千百年来，沂蒙的美景也吸引了无数古往今来的文人雅士。圣贤如儒家之祖孔子、孙膑庞涓之师鬼谷子，文豪如唐之李杜、宋之苏子，帝王如“贞观之治”的缔造者唐玄宗、“康乾盛世”的祖孙俩康熙和乾隆，都曾登临此地，留下无数颂扬的篇章。更遑论当地名流荀子、蒙恬、匡衡、诸葛亮、王羲之等留下的功绩和墨宝了。

攀至蒙山半山腰，脚下松涛阵阵，抬头满山红叶，风光令人称绝。继续前行，听到水声，循着声音前往，见一挂三叠式瀑布，瀑布水雾缭绕，宛如银河倒挂，旁边有游客提醒：“这就是传说中孙膑庞涓跟鬼谷子学艺的地方了。”这才觉得那些战乱纷争、波澜壮阔的历史，恍然就到了眼前。

登到山顶，视野豁然开朗，眼前云雾弥漫，四周峰峦叠翠、岱崮密集，蒙山“亚岱”之名，着实所言非虚也。

在九龙潭附近转了转，看它湍急处翻腾汹涌，潺缓处涓涓不竭，宽阔处水天相接，狭窄处银波跃动，顿时觉得，这不正是生命的百态吗？或起或伏，或急或缓，都有艰险，也都有风光。

初见沂蒙，震撼于山之雄伟、水之浩荡，又见沂蒙，却见到了它的古老和新绿、积淀和文化，也见到了生命和华夏文明史的坚韧和力量。

TIPS

沂蒙山世界地质公园

沂蒙山世界地质公园总面积达1804.76平方公里，由蒙山园区、钻石园区、岱崮园区、孟良崮园区和云蒙湖园区组成，是联合国教科文组织世界地质公园网络（GGN）成员之一。区域内的龟型地貌景观、岱崮地貌、金钱石等地质遗迹点，与历史文化实现了高度融合。

北方水都，旖旎沂蒙

文 / 王天宇

威尼斯水城中的河道星罗密布于如棋子般的建筑之中，水在缓缓流动，推动着缓慢的生活，水是这座城市的灵魂所在，不仅仅承担着滋养土地的重任，还演奏出一个个音符，在讲述着，在回忆着，在感染着，听似无声却尽显勃勃涌动…

同世界上其他以水为荣的城市一样，临沂也深受水之灵动的滋养，那横亘千里、连绵不绝的群山之下，飘入你耳际的是环山围绕的千里沂河用先秦编钟奏出的音符，是每一个沂蒙儿女永远坚不可摧的力量源泉。

毋庸置疑，滚滚的长江与滔滔黄河孕育了中华民族五千多年文明，对于临沂来说，穿城绕山而过的沂河，亦孕育了一万七千平方公里流域的文明。临沂的水是宽阔而内敛的，清澈的河水在坚硬的河床上默默地流淌，自然的鬼斧神工造就了沿岸不同的风光，山清水秀，群山逶迤，撩动着沂河两岸的串串涟漪，使这座千年古城充满了无限生机。

临沂的水是静柔而温婉的，河流随径而走，密布至沂蒙的每一处角落，几声水滴叮咚落地，几处水鸣潺潺而栖，鱼翔浅底，绿植葱茂。置身于此，便心生神怡之感，如同徐徐揭开面纱的少女，将美丽呈现在人们面前。

沂水之美，还在于与天地之间的融合，在风平浪静之下，河水光影闪现，如同一条蓝色丝带融入其间，魅力无穷。飞鸟时而腾空而起，时而低空翱翔，为沂水的壮美与静谧增添了一道靓丽的风景线。

临沂水之美，尤在夜间。放眼望去，远处灯火明亮，

横跨于两岸的一座座桥梁灯光璀璨，若漫步于沿河两岸，走在曲径通幽的小路中，听风声水声倾情演奏，不知不觉便会被挽留，不愿离去。

每逢假日闲暇之时，人们游走于河岸两侧，尽享阳光带来的温情与惬意，此时北方水都天人合一，在旖旎风光的映衬之下，人们舒展身体，放松心情，沉浸于沂河宽广浩瀚的怀抱之中，倾听沂水深情悠长的诉说……

一部描绘自然生命的万卷书

文 / 续断

人类何其渺小，故而有人向往宇宙星空，有人深入浩瀚海洋，有人考究历史文明，有人探索未来奥秘……

我好奇远古时代，对已消声灭迹的恐龙尤为感兴趣，更爱恐龙主题 3D 电影，试图通过逼真的影像走进“侏罗纪时代”。可影片结束后总会莫名地感觉到虚无，直到走进天宇自然博物馆，那些化石和骨骼犹如一把钥匙，打开了我与自然文明之间隔着的那道门，带我踏上了一次奇幻的旅行。

TIPS

天宇自然博物馆

天宇自然博物馆于2004年建成开放，为国家AAAA级旅游景区。馆藏展品丰富，种类繁多，被吉尼斯世界纪录总部认定为“世界上最大的恐龙博物馆”，有6项藏品获得了吉尼斯世界纪录。自建馆以来，天宇自然博物馆荣获“山东省科普教育基地”“山东省关心下一代科普教育基地”“中国古生物科普教育基地”等称号。

平邑县城莲花山路西段

0539-4291666

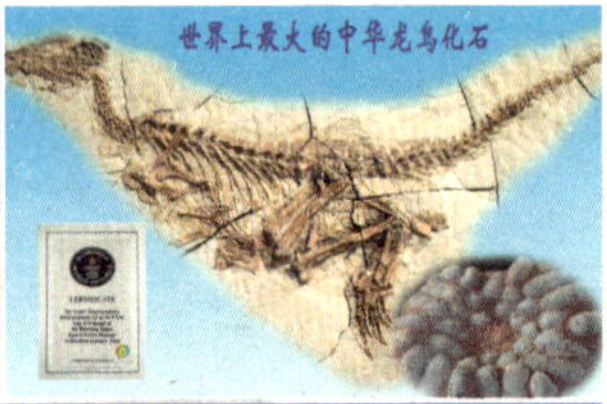

第一站来到原始海洋生物厅，这里展示的海洋生物化石可追溯约 5.7 亿年前的寒武纪生命大爆发。形态各异的三叶虫、外观形似宝塔的鹦鹉螺目软体动物、腕足动物鸮头贝、头足动物菊石以及各种贝类和珊瑚化石……这些化石栩栩如生地再现了远古海洋生命的壮丽景观，让我在感慨生命丰富伟大的同时，也惋惜于这些曾绚丽多彩的生物没能继续进化。

我心心念念着恐龙，于是继续往前，来到中生代展区。在约 2.3 亿年前的三叠纪时期，恐龙出现了，在之后的 1.5 亿年里，恐龙跨越了侏罗纪和白垩纪时期，成为陆地的霸主。

从长近 24 米的合川马门溪龙、长达 8 米的板式禽龙、数以百计形态可爱的鹦鹉嘴龙，到从恐龙向飞行鸟类进化的初级阶段代表——中华鸟龙、世界上最早有喙的鸟类圣贤孔子鸟……通过这些化石，我真正地走近心中那些原始、庞大的生命，仿佛看到它们奔跑在海岸平原上的森林中，猎食、嬉闹、和谐共生。

1200 多件恐龙化石、2200 多件鸟类化石、3000 余种矿物标本……我的这趟旅行满是丰富与精彩。在矿物标本展厅，感叹大自然的神奇魅力；在化石世界，体味亿万年前的生物带来的震撼；在生物厅，感受生命的奇迹与力量……

天宇自然博物馆，一部描绘自然生命的万卷书，一本讲述生命起源与自然魅力的科普书。开卷有益，值得深读。

从前有座山，山上有个帽儿

文 / 魏杰

从前有位旅游达人老徐，最爱“达人所之未达，探人所之未知”。其所到之处，探幽寻秘，并记有文字——《徐霞客游记》，可谓一战成名，被称为“千古奇人”。

在当代，也有一位爱旅行、爱写作的达人老李，走遍名山大川，远到南北极地，险到蜀道之难的四川，奇到南非、中东非……几十年来他不是在旅行，就是在去旅行的路上，从无间断。

072

073

老李旅行一生，到过世界各大洲和国内许多角角落落，但从未见过这样的地形地貌，中国原有的四大地貌也不能代表和包括这样的地貌。经过三天的观察和深思熟虑，老李第一次作了有关“崮文化”的演说，后又将观点写成文章《沂蒙望崮》，先后在《中国旅游文化》杂志、《中国旅游报》和《人民日报》（海外版）发表。文章引起了地质地理学界的重视，经过论证，该地貌被正式命名为“岱崮地貌”，被确立为中国第五大岩石造型地貌。人们也记住了这位当代徐霞客的名字——李存修。

崮之独特，非亲身探知所不能体会。晴空万里时，登上崮顶放眼望去，周边群崮一览无余。在起伏的山峦之间，大大小小的崮，或雄奇，或险峻，或秀美，颇具神工鬼斧之妙。巍峨雄伟的南、北岱崮，造化神奇的卧龙崮，惟妙惟肖的油篓崮……上百座崮组成了壮美的沂蒙崮群，其数量之多、地域之集中、形态之壮美，让人慨叹大自然造物之神奇。

人间四月芳菲天，便是岱崮最好的时节。群崮连绵、桃花满山，令人心旷神怡。山山岭岭、高高低低、远远近近全是桃花，如彩云笼罩山坡，似红霞粉饰大地。茫茫花海中更有小桥流水，漫山遍野的花枝间透着点点春意，构成一幅山川锦绣、春意盎然的美景。坐在树下，望着枝条艳丽的桃花，蜂蝶飞舞，想起了“人面桃花相映红”“桃花依旧笑春风”。

TIPS

岱崮地貌旅游区

岱崮地貌旅游区位于岱崮镇沂蒙山腹地，为国家AAAA级景区，中国第五大岩石造型地貌最集中的精华区。景区现已形成了多位一体、独树一帜的复合型旅游休闲新格局，包含上山下乡旅游度假村、岱崮地貌博物馆、岱崮地貌崮上草原、崮乡大舞台等多种主题景点，是集休闲观光、地质研究、红色教育、寻幽探秘、摄影写生于一体的好去处。

蒙阴县岱崮镇岱崮地貌旅游区

0539-4643999 4655888

四周层层叠叠的梯田依稀可见，间或有勤劳的老农在播种。万物正在勃发，但还未显出生机。如在秋季，满山的红叶铺满崮顶，枝头缀满橙色的柿子，在蓝天白云的衬托下，仿佛一幅丹青画卷。柿树、落叶、斜阳，处处给人以美的享受……崮顶之下梯田层层，沟壑舒展，令人心旷神怡，流连忘返。

如今的岱崮早已成为国内外旅行者的向往之地。来此看景之奇、赏花之盛、品乡之味、探山之险，还可在崮顶之上小住一晚，体会崮上草原的浪漫与奇妙。白日攀山、拍照，享受崮地的物产丰美，夜晚星空之下闲谈、吟诗，来到“崮”乡，谁还不是位旅行达人呢?

天上王城，七十二崮之首

文/十三月

抵达天上王城之前，一直对“崮”字有着很生疏的概念。

查阅资料，显示其为四周陡峭、顶部较平的山。心想不过就是一处顶部平坦的山顶而已，没什么特别之处。

直到亲眼见到，才觉得惊艳。

天上王城景区位于沂水县城西北 40 公里处，初到景区，首先看到连绵起伏的青绿。只见群山层层叠叠，或险峻，或平缓，或曲折环绕，或孤峰独立，正值夏日，绿意盎然。而且，自远处看是一座座高山，近了，才发现是一个个形态各异的崮顶。

在沂蒙七十二崮中，天上王城景区主体纪王崮得名“沂蒙七十二崮之首”，是因为它顶部面积约达 4 平方公里，南北长数公里，是沂蒙七十二崮中唯一有人居住过的崮。

清康熙十一年（1672 年）《沂水县志》记载“纪王崮，巅平阔，可容万人，相传纪侯去国据此”，由此可知纪王崮为春秋时期纪国亡国后，其亡国之君所居之地。周亡国被灭后，姬召借助崮顶的险要地势，重整旗鼓，防御敌人，在此地盘踞 26 年，但最终因为和敌人力量悬殊，无法抗衡而郁郁而终。

现在崮顶上还有纪王殿、演武场、纪王宫、纪元台、胭粉泉等景点和遗址 50 余处。登上崮顶，首先看到古城墙的原始风貌，城墙石块皆硕大无比，小的数百斤，大的足足有五六吨重，且与崮顶的岩层差异明显，让人不禁生疑：这么大的石块究竟是怎么运上来的？

经过查阅资料，才知古人在冬季泼水成冰形成滑道，这才把巨石运了上来，建成了高高崮顶上的雄伟建筑。

崮顶上还保存有纪元台、妃子墓、后宫

等建筑，可见当时纪王虽逃难在外，遵循的封建秩序仍非常森严。城墙深处还有人家，乃后世村民避难来到此处，借此世外桃源之地，男耕女织，香火绵延，因此崮上人家又有“天外村”之称。

如今，天上王城景区除了保存有历史古建之外，还打造了观光索道、天上人家、王者之战、地下冰宫等娱乐项目，乘坐观光索道可尽览沂蒙壮美梯田，天上人家能让游客体验农家田园趣味，王者之战追溯春秋争霸过往，地下冰宫展示北国冰雪奇缘，古今融合，文娱交融，吸引了众多游客。

因此，天上王城不仅是一处世外桃源，一种崮顶奇观，还是一段历史往事，一次文化交融。

TIPS

天上王城

天上王城景区位于山东省临沂市沂水县城西北40公里处，景区主体分布在纪王崮上，是国家AAAA级景区、山东十佳文化产业项目。景区主体纪王崮海拔577.2米，顶部阔大，面积约达4平方公里，南北长数公里，是沂蒙七十二崮中唯一有人居住过的崮，因此被誉为“沂蒙七十二崮之首”。尚存纪王殿、演武场、纪王宫、纪元台、胭粉泉等景点和遗址50余处。

沂水县泉庄镇境内

0539-2697777/8888

百米之深，遇见峡谷柔情

文 / 周亚

常常幻想自己是一条生活在地下暗河里的盲鱼，阔别花花世界，远离浩浩人烟，宁愿栖息在漆黑的深水世界里，磕磕绊绊地觅食，跌跌撞撞地生长，不知爱恨情仇，看淡生死别离。

高达 40 余米的如削峭壁、五彩纷呈的绮丽天穹、深不见底的洞下石隙、似银河倒倾的磅礴天瀑……我终于来到了神往已久的沂水地下大峡谷，寻找自己心中的那条暗河。

乘电动滑道车从龙岗山顶龙翔阁前出发，沿山势而下，直达地下大峡谷入洞口。轨道全长 2800 米，落差 50 余米，蜿蜒曲折。而游人可通过车身的操纵杆、安全刹车装置，自行控制车速，操作简单，趣味十足，既惊险刺激，又安全可靠。

车速慢时，可俯视地下大峡谷全景，又可欣赏沿途田园风光，近察远观，悠然自得。

终于来到了昼思夜想的溶洞入口，可以一窥暗河奇观。

风貌奇特的溶洞王国，洞穴沿某一神秘方向延伸着。跟随当地导游进入洞穴内，宽处可容百余人，窄处仅可容身。洞穴长逾 6000 米，幽深莫测。据导游介绍，该溶洞由喀斯特裂隙发育而成，形成于约 0.65 亿年至 2.3 亿年前，历史悠远。溶洞中的暗河漂流项目，被上海大世界基尼斯纪录总部认证为“中国最长的溶洞漂流”，坐皮划艇顺河而下可观赏洞内千米景致。

乘一小艇顺流而下，波激浪涌，起伏高下，惊险刺激。洞中有洞，峡中有峡，石上有石，景中有景，又有大量千姿百态的石笋、石柱、石旗、石幔、石钟乳及鹅管点缀其间，气势恢宏，宛如雄奇画卷，令人叹为观止。

抬头星光璀璨，水下一片黑暗，一时间，竟不知自己还是否愿做那条随俗浮沉的盲鱼……

漫长岁月流逝，溶洞的深水世界里，看不到五彩斑斓的光，听不到繁华红尘的喧闹，时间仿佛是静止的，又好像只能等待慢慢变老……这真的是我想要的生活吗？

不，大千世界如此斑斓多彩，我放不下十丈软红，只待改日再来，不为那条漆黑暗河，只为这柔情峡谷……

TIPS

山东地下大峡谷

山东地下大峡谷旅游区是国家AAAA级旅游区。全长6100米，目前已开发3100米的游览景线。该洞形成于约0.65亿年至2.3亿年前，由巨大的喀斯特裂隙发育而成。景区集休闲、游憩、娱乐、度假、溶洞漂流于一体，利用暗河水势开发的漂流项目被上海大世界基尼斯纪录总部认证为“中国最长溶洞漂流”，深受游客们的喜爱。

沂水县院东头镇境内

0539-2559999

少年的地下奇幻漂流

文/侯雅文

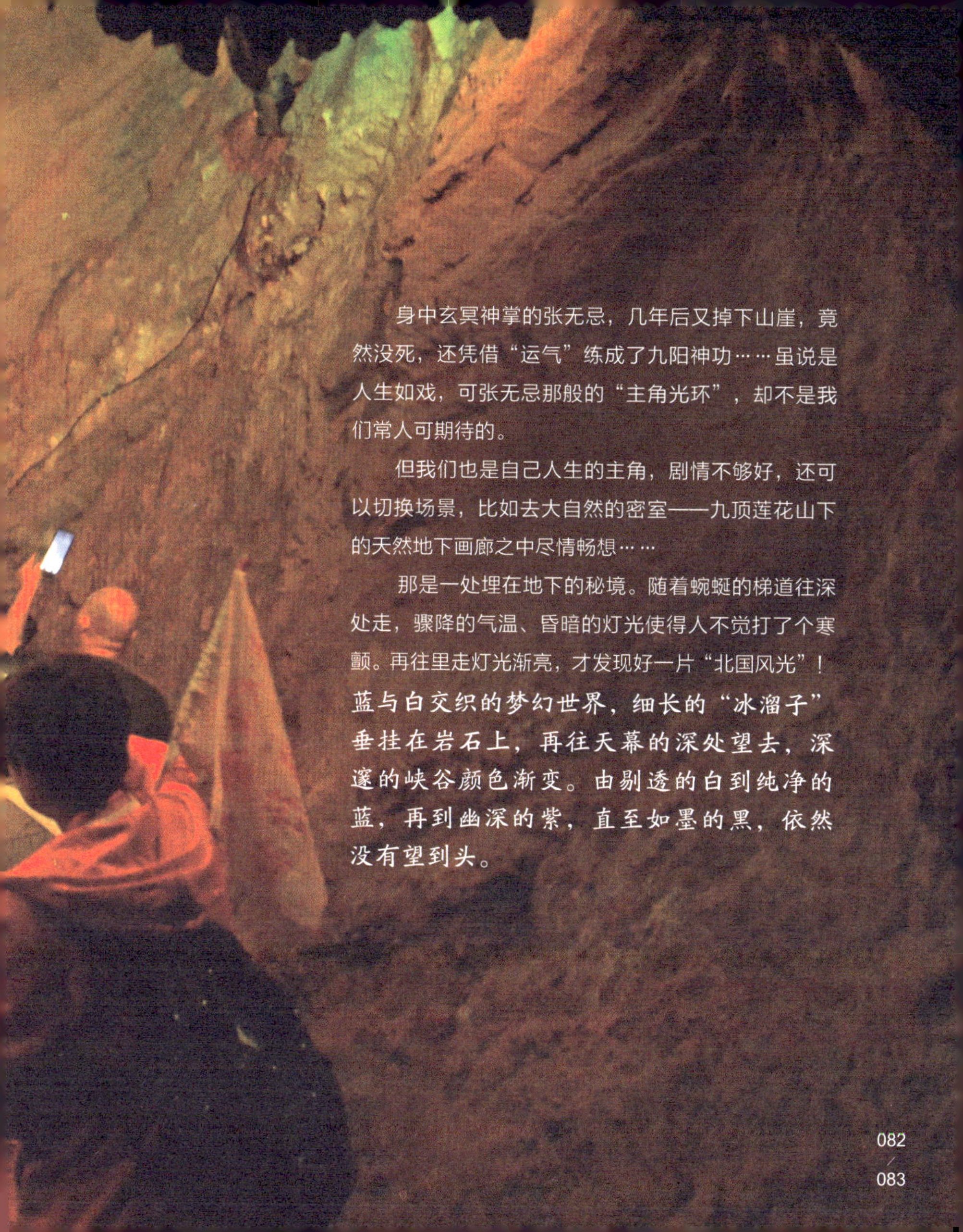

身中玄冥神掌的张无忌，几年后又掉下山崖，竟然没死，还凭借“运气”练成了九阳神功……虽说是人生如戏，可张无忌那般的“主角光环”，却不是我们常人可期待的。

但我们也是自己人生的主角，剧情不够好，还可以切换场景，比如去大自然的密室——九顶莲花山下的天然地下画廊之中尽情畅想……

那是一处埋在地下的秘境。随着蜿蜒的梯道往深处走，骤降的气温、昏暗的灯光使得人不觉打了个寒颤。再往里走灯光渐亮，才发现好一片“北国风光”！蓝与白交织的梦幻世界，细长的“冰溜子”垂挂在岩石上，再往天幕的深处望去，深邃的峡谷颜色渐变。由剔透的白到纯净的蓝，再到幽深的紫，直至如墨的黑，依然没有望到头。

顺着奇幻景色一直走，一不小心又掉进了另一个世界。光怪陆离，扭曲的空间复杂多变，天锅，天河，天桥以及牛郎织女等烁烁繁星，这莫不是广袤的宇宙空间？不好！沉醉于美景竟没发现“黑洞”要把我们吸进去了，快乘坐“飞行石器”逃离！

受“黑洞”影响，飞行器无法准确降落，却因祸得福，降落在江南水乡。小桥流水，处处婉约动人。走过悠长、悠长又寂寥的石板路，说不定可以碰上“一个丁香一样的结着愁怨的姑娘”。若是遇见，我一定送她世界上一切美好的东西——珍贵华丽的水晶宫，难得一见的天瀑、玉峰，气势磅礴的神龟、海象……

想得正美，狮子园的狮子突然活了，凶猛地向我飞扑过来。我二话不说使出一招“排山倒海”，打得它直接“面壁思过”。掸掸衣服上的灰尘继续前行，只见前方豁然开朗，我又回到了现实世界。

沂水天然地下画廊总是有着这样的神奇魔力，穿越人山人海，瞬间就能去往我想去的地方，见我想见的风景，发生我向往的故事。溶洞之中的世界，如同一份份诱人的食材，你只需加入一点名为“想象”的佐料，就可做成慰藉心肠的美味。

戈雅曾说：“与智慧结合的幻想是艺术之母和奇迹之源。”既然如此，在百米之深的地下，犯一次“中二病”，却能拥有一段少年的奇幻之旅，何乐而不为呢？

TIPS

天然地下画廊

沂水地下画廊位于沂蒙生态第一乡的沂水县院东头镇。景区中的“天然地下画廊”为尘封百万年的天然溶洞，钟乳遍布，石笋林立；巨幅画卷呈现四幅各具特色的景象，自然天成；星级服务的“怡然居”为游客提供家般温暖。观奇、休闲、会议、旅居、研学，沂水地下画廊静候您的到来！

沂水县院东头镇

400-135-9998

邂逅，萤火虫之乡

文 / 周亚

城市的夜空，是看不到萤火虫的。

它生于旷野，长于山间，它的生存需要纯净的空气、丰茂的水草……它和人类一样向往美好，同时又比人类更早领悟了生命蓬勃的玄机，它像是大地上长出的金子。

城市是不需要萤火虫的。

当这些幼小的生命倾尽全力燃起熠熠微光，在城市的灯影璀璨面前，又是那么的微不足道。

城市不需要萤火虫，但城市里的人需要。

当"轻罗小扇扑流萤"的意趣只能靠想象，当漫天飞舞的夜光小虫只能成为遥不可及的回忆，当星星点点的阑珊碎光只能熄灭在童年的仲夏夜之梦里……城市里的人突然明白，我们必须得在残酷和黑暗中寻找美和光明。

听闻沂水有个萤火虫之乡。一个夏日，跋山涉水，独自一人来到萤火虫水洞。

洞外正值盛夏，暑气充斥，洞内却清凉得不可思议。我们坐上一艘驶向地下暗湖的船，摆渡的船夫轻巧地一跃，站上船头，随意地攀引缆索，船就缓缓地行进，缓缓地进入一片黑暗之中。

初时漆黑一片，什么都看不到，只能听到耳畔微微的风声，只能听到船的声音、水的声音。我有些害怕，紧紧拽着船上的把手，努力分辨周遭的一切。这时船夫压低了声音，轻轻提醒：快抬头看！

只见数不清的萤火虫附于洞壁之上，发出冷冷荧光，如繁星闪烁，遍布浩渺夜空。甫一抬头，竟一时分不清，进入的到底是地下暗湖还是天上银河？我的眼泪瞬间落了下来。在那一刻，我感受到我与这些幼小却伟大的生命深深相连，突然就明白了为何有人甘愿将一生都奉献给自然。

萤火虫对生存环境的要求十分苛刻。它们小心翼翼地遵循自然法则，活在日益严酷的自然环境下。它们的生命只有几天，这几天中，它们仍用尽全力，点那星星点点的荧光……

游船渐渐驶出了水洞，眼前渐渐有日光出现，方才的萤火虫世界仿如一梦，我不得不又回到现实的世界。脸上的泪痕还在，我知道这萤火虫水洞我仍会再来。

TIPS

萤火虫水洞

萤火虫水洞形成于约 0.65 亿年至 2.3 亿年前，全长 1200 米，是一处著名的地下萤火虫神秘世界，被中国旅游洞穴联盟与中国地质学会洞穴专业委员会评为中国“十大旅游名洞之一”。是集休闲、度假、娱乐、研学、观赏为一体的国家 AAAA 级综合旅游景区。洞内有神秘的萤火虫奇观、形态各异的钟乳石、黑洞探秘等多个奇特景观。

沂水县院东头镇

0539-2599111

天公造化几多年，才有如今石瀑洞天

文／十三月

相传上古时期，地壳运动剧烈，一日，突闻莲花山附近传出『轰』的一声巨响，近前，只见山顶的一角早已裂开，巨石裹挟着泥沙滚滚而下，地上瞬间出现了一个规模庞大的巨石阵。此后，经过亿万年的风雨冲刷，泥沙散去，巨石被打磨得愈加千奇百怪，状如迷宫，宛如仙人所布。

这便是云瀑洞天景区巨石阵的由来传说，从流传下来的神话传说和历史演绎中充分可见云瀑洞天景区巨石阵之鬼斧神工。

云瀑洞天景区的巨石阵非常有名，被称为“天下巨石第一阵”。青山绿水之间，只见大大小小的石头错落分布，有的晶莹玉润，有的斑驳狰狞，有的立如砥柱、峭如剑峰，有的隐如伏虎、突如惊龙，有的宛如自深山中刚刚发掘而出，有的极具日晒雨淋的沧桑感。其中最有名的当数指动石了，长 7 米、宽 5 米、重达百吨的庞然巨物，人站在石下，竟然可以凭借一指之力，使之上下颤动，常人口中的“四两拨千斤”也不过如此了。

TIPS

云瀑洞天景区

云瀑洞天景区位于山东省费县境内，共有指动石、天蒙湖、醉石林、云龙瀑、通天峡五个游览区及林中乐园、水上乐园两个娱乐区。有“天然地质博物馆”“天下巨石第一阵”“蒙山第一秀水”之美誉。

费县东蒙镇

0539-5837788

除了巨石阵，云瀑洞天的山水也绝对不可错过。莲花山雄奇险峻，峰峦连绵，山上有松苍石怪、飞瀑流泉，攀登时人走景移，移步换景，风光之秀美令人沉醉。此外，莲花山四季不同景，春时山花烂漫，夏时松涛阵阵，秋时漫山枯黄，冬日银装素裹。四季的不同风光和山下的一泓碧水相呼应，自山上看水，宛如一面平静的铜镜；自水上看山，似一道巍峨的屏障。

除了美丽的风景，景区还有林中乐园和水上乐园两处娱乐区，这里是嬉戏玩耍的天堂。乐园之中，以滑草和漂流最受欢迎，惊险刺激之余，游客还能体验人与大自然的和谐相处，可以尽情释放自己，将生活的琐碎抛至脑后。当然，除了惊险刺激的项目，还有许多适合孩童的舒缓的娱乐项目。如果凑巧，还能遇到诙谐幽默的动物表演，和云瀑洞天的动物们来一次近距离的互动。

正是几千年间的天工造化，才有了云瀑洞天景区令人叹为观止的巨石阵，也有了景区的青山秀水。而风中雪中雨雾中，大自然对景区的精雕细琢还在继续。石头的纹路随着岁月的更迭更深了，山上的松柏随着时间的变迁更苍翠了。百年千年之后，这里想必是另外一番好风貌。

若米芾到了中华奇石城

文／无然

说起古代名家的嗜好，那可着实有的聊。

王羲之爱鹅，王徽之爱竹，沈复爱花，林逋爱白鹤……最让人称奇的，当数北宋书画家米芾的爱石成痴。

米芾爱石究竟到了何种如痴如癫的地步？最广为人知的便是“米芾拜石”的故事。据说他调任无为州监军时，刚进州署，便见一立石“骨骼清奇”，顿时大为惊奇，高兴地喊道：“此足以当吾拜。”于是赶快换官服、戴官帽，手持笏板跪拜此石。

凭这样的爱石成痴，若是米芾生活在现代，必然要吵嚷着调任到临沂费县做官。调任的理由显而易见：中国最大的观赏石基地——中华奇石城坐落于此。

中华奇石城内布置有千种费县园林自然石，有享誉盛名的园林石，有纹理奇特的天景石，也有历史悠久的金星砚、燕子石砚、颜鲁公砚……观之神态各异，变化万千。

除了当地奇石，景区内中华奇石街上还展销来自世界各地的奇石。石头林林总总，有产于浩瀚戈壁的神奇沙漠玫瑰石；有“取日月之精华，吸天地之灵气”的菊花石；有布满白色和黄色星点纹理，恰似成串枣花盛开的枣花石；有纹理变化万千，呈现群峦叠翠山水画卷的金海石……还有数不清的奇石字画，古玩特产，可谓俯仰之间，皆是珍宝。

除此之外，景区还精心打造了续缘、梅园、海棠园等十余处景点，以绿毯花海，

曲绕小径串联园中所有的景点，以黑松叠翠、柳丝扶栅点缀园中所有的景色。

若米芾到了中华奇石城，见到此处奇石之包罗万象，景色之美轮美奂，一定会陶醉其中吧。

即便有人认出了他，上前小心翼翼地问：“请问您是书法家米芾吗？能给签个名吗？”

他可能也会有不耐烦的脸色：“稍等，没看到我在赏石吗？”

TIPS

中华奇石城

中华奇石城是中国最大的观赏石基地，是国家AAAA级旅游景区。景区以奇石文化、园林、娱乐为主线，集奇石展示、园林游赏、休闲娱乐、民俗文化为一体，实现商旅互动、实景交融，是一处山水相映、奇石相间的休闲旅游度假区。

费县汽车站北300米路东

0539-5080933 0539-5080633

在河之滨，悠悠其多

文 / 谷萌

临沂古称琅琊，是烽烟四起、英雄辈出之地。作为红色革命老区，红色文化备受推崇。临沂的琅琊文化、多样环境都是这个城市的优势所在。这座城市给人的印象向来是坚韧、勇往直前的，而秀丽的山水更是给临沂增加几分“英气”之美，在英气中添加几分婉约，要靠独特的风景来打造。

临沂不仅山水形胜，诸多湿地资源也为这个城市增加了几分秀丽，临沂拥有十二大优质湿地自然景观，可以调和环境，平衡生态。作为“地球之肾”的一分子，滨河湿地公园给临沂当地人与大自然的相处增添了多样化的方式。电影《非诚勿扰》里，男主角秦奋坐在古香古色的游船中，在水之畔感受夏日清爽，此情此景让人们隔着屏幕也感到心旷神怡，那情景正是湿地景观。元稹有诗云：“湿地虫声绕暗廊 ”。而滨河湿地公园，同样可以满足这份想象：小桥、荷塘、木栈道，夏日炙烤着他处，而你在湿地里清风拂面。

在这里，珍稀禽类在春暖花开时飞来栖息，还有种类丰富的植被资源，动植结合成就临沂的生物多元化，具有不可替代的生态功能。爱护生物从娃娃抓起，多元的生态系统足以给孩子们上一堂生物课，让他们在自然中学习，在自然中成长，用质朴的方式感知世界，激发感官体验和探索精神。

如果说一个城市中大面积绿化工程难能可贵，拥有一片湿地便是无比幸运了。它拓宽了被高楼层与强压力禁锢的局促生活，湿地公园是难得的放松之地，为人们提供可小憩的空间，让人们在现代化的生活中暂时返璞归真。动观流水静观山，在动静相映中感受生态之妙。作为城市中的一景，滨河湿地公园为临沂的环境带来更多可能性。

TIPS

滨河湿地公园

滨河湿地公园总面积达 70 平方公里，其中水面面积达 48.5 平方公里，绿地面积达 20 平方公里，已形成 9 大广场、18 个生态园区、36 处景点，集“水、岸、滩、堤、路、景”于一体，成为展示人文、自然景观的大型开放式生态园林景观带和展示“大美临沂”的新窗口。

争创

犹抱琵琶半遮面，好似云蒙画中仙

文／程涛

素闻云蒙湖美似仙境不胜收，遂往。

天刚蒙蒙亮，田野尽头，烟雾缭绕，屋舍隐没在雾中，飘渺而神秘，人如入梦中。

太阳刚露头的时候，漫步在大坝上，湖面上泛着一层如青烟的薄雾，往远处看，依稀看到灰色的山体。湖面上吹起微风，那雾被吹散又聚合，来来往往，就像两个嬉闹的孩童。湖面上被风吹起的涟漪，经久不散。令人不禁遐想，若此刻乘舟入湖，是否也可以遇到与友人送别的白居易，与客人泛舟同游的苏东坡?

当太阳升至半空，雾气渐渐地散去，露出了整个湖面。湖面静得犹如一个画板，上面画着蓝天、白云、花、草、树……岸边人都不敢高声说话，生怕惊扰了“作画人”。景不醉人人自醉，看着静默的湖面心也跟着静了下来，只觉得心如湖水静无风，安闲自得。

游云蒙湖，乘坐小船缓缓驶向湖心，天地间只余这一叶扁舟。只觉天地之大，百感交集，若与志同者来此，定“举匏樽以相属”。这里还有水上跳伞，可以俯瞰全局。湖边也可垂钓，以钓会友。如果遇到巨堤开闸，湖水翻滚如万马奔腾，水花飞溅，声音传震数里。

游至傍晚，从坝上眺望，入眼尽是一片金黄。清风徐来，金色波纹闪闪烁烁，慢慢向岸边涌来，斑斓多彩，灿烂无比，就像战士们的铠甲闪着光芒，真是应了那一句“满城尽带黄金甲”。

TIPS

云蒙湖

云蒙湖原名岸堤水库，始建于1959年，为山东省第二大人工湖，是天然的淡水养殖基地、休闲度假旅游区，又是开展水上游乐、休闲垂钓的胜地。

夜晚的云蒙湖更是美似月宫，碰到一个明月夜，明月向湖面倾洒着月光，所望之处尽皆皎白之色。月色朦胧在湖面的水汽上，吹起一阵风，雾气就像一个舞者，美似嫦娥献舞，姿态万千。置身于此，真是“飘飘乎如遗世独立，羽化而登仙”。本想沿着月光飞升而上，但雾气扑面而来，丝丝凉气把我接引回人世间。

这世间唯独美景不可辜负，云蒙湖切不可错过。

跋山“遥”水

文 / 侯雅文

当身边一位老兄把跋山水库叫作“爬”山水库时，我深感疑惑：难不成在他的印象里，跋山水库就只有爬不完的山吗？

事实当然不是这样！在这里，山是有的，但水也是有的，美景也是有的，通往水库的平坦大道也是有的。不知那位老兄是怎样费尽一番周折才站到水库边上的，反正我或骑行或开车总是来得很顺畅。

临近萧家沟村的水库边有一片开阔的滩地，每当春夏来临，大片的滩地上铺展着浅浅淡淡的绿，那绿色晕染到水边如笔触般消失得不露痕迹。青草像被水洗过，鲜嫩洁净，暖暖的微风裹挟着青草的芬芳入鼻，总让我忍不住想放声大喊，可又怕惊了一旁安静吃草的羊儿，只能默默吟上一句：一丛香草足碍人，数尺游丝即横路。

沿着水库再往上行抵达垂钓者的天堂。或许因为生长环境太优越，无论鲤鱼、鲢鱼还是鲫鱼条条肥美。钓上来的鱼不必带回家，可就近找一处农家乐熬成一锅奶白鱼汤，尝个新鲜。

酒足饭饱之后，或是泛舟湖上畅谈人生，或是漫步山间寻访自然。若是要攀山，只怕会挑花了眼。有的山上长鲜果，有的山峰奇险，有的山上有史迹，还有的山上有故事……

登上山顶，回望跋山水库，湖水平静得让人似乎忘记了它的深度，只觉如画一般。实际上，跋山水库是山东省内第三大水库，供给着整个临沂的用水，被誉为“沂蒙母亲湖”。

如今的一切归于美好，但在水库建设之初，所经历的艰难却令人难以忘却。

在机械设备并不普及的当时，无论是清基、处理变质岩石，还是大坝回填、打夯，都由人力完成。

往日的峥嵘岁月早已如过眼云烟，只是站在这水库旁边慢慢回想：玩转跋山水库或许用“爬”也没错。就像当年修建水库的前辈一样，对他们来说，眼前早已不是简单的风景，而是青春的定格。

只有前人跋山涉水，后人才能跋山遇水。

TIPS

跋山水库

跋山水库是沂河干流上的一座以防洪、灌溉为主，结合发电、养殖、旅游等综合功能的大型山区水库。水库最大水域面积为 1799 公顷，兴利库容为 2.67 亿立方米，总库容为 5.29 亿立方米，现为山东省第三大水库，被誉为“沂蒙母亲湖”。

第四章

肆

游沂途曲

览山悦水

闻沂蒙，
白云堆里，
青山脚下，
自有桃花灼灼牵梦萦。

怦然心动，邂逅最美古村落

文/程涛

梦里说梦，笔端几度桃源梦；天内寻天，泉上一壶竹洞天。

在沂南，有一个小村落，村中有泉，泉边有竹，名曰竹泉村。

我来竹泉村拜访时，恰逢初春。春雪消融进村中水街上，和着泉水汩汩流淌，家家户户便临此清流而居。水街两侧，草编坊、竹编坊、针线坊……各色店铺林立，烟火气十足。

去时正赶上再现当地民俗婚礼的实景演出——“新娘出嫁”，看嫁娶，沾喜气，顿觉满心欢喜。

磨盘铺就的小径，延伸到村子深处，路旁栽植竹林。初春的竹子尚未完全返绿，阳光透过竹林微微泛黄的竹叶洒下来，在小径上投射出斑驳的光影，微风吹过，光影微动，竹林发出簌簌响声……沿着小径一路直行，便到了自在亭。畅想古时曲水流觞，文人墨客雅集于此，吟诗颂词，惬意人生，好不自在！

村中设有民宿，保留了当地石屋的原貌，外墙和屋体都由石头堆砌而成。房内陈设精致简单又不失古朴典雅。透过窗户看房前屋外的竹林，心底幽静一片。

“梦里说梦，笔端几度桃源梦；天内寻天，泉上一壶竹洞天。”竹泉村，真乃我的“桃花源”！

如果说竹泉村是一处让我甘愿隐世的“桃花源”，那么不远处的红石寨则又让我对红尘世界心生贪恋。

走进红石寨高高的“山门”，拾级而上，映入眼帘的便是一个古戏台，唱弦子戏的艺人不紧不慢地唱出令人陶醉的戏词。看不远处的香山湖，当地人利用丰富的水资源，将水提至山顶，山顶部山石直立，呈微红色，水直流而下，形成红崖悬瀑。听说冬天来到此地，还能看到北地独有的冰挂奇观。而此刻水落成湖，从远处看，红色的悬崖和绿色的水波偎依在一起，相映成趣。

感受竹泉村的诗情画意，体验红石寨的水岸风情。来到这里，放下城市中的喧嚣，清理心中的杂念，见物喜物，见人喜人。

TIPS

竹泉村

沂南县铜井镇竹泉村

0539-3826666

红石寨

沂南县铜井镇红石寨旅游度假区

0539-3266999

压油沟游乐小记

文／王爽

一直对“兰陵”二字有许多遐想，日积月累，这种向往的情绪逐渐浓烈，于是几经思虑，我终于挑选了夏末初秋时节，驱车前往兰陵县。

可兰陵县面积广阔，究竟何处才最能体现其特色呢？朋友知我自来喜欢山水田园，于是推荐了压油沟风景区。

说实话，一开始，我对这个名字很不感冒。

可见到压油沟的景色时，却颇觉惊艳。

三面环山、一面临水的压油沟，风光一时无两。只见泉水顺着山脊流下，汇聚山下湖中；燕子驻足柳枝小憩，树枝发出簌簌声响，青山绿水环抱，田园风情满满。

村里有着硕果累累的栗园、小灯笼似的山楂和缀满枝头的柿子，保留了古朴的自然风貌——写着旧时光的石墙、屋舍，脱落了油漆的木门、栏杆，鸡鸣犬吠的小院、农家……林林总总，仿若把我拉回了儿时无忧无虑的旧时光。

景区结合当地环境，建造了具有北宋建筑风格的酒坊、茶坊、勾栏瓦舍等，古戏台上戏曲杂耍纷纷亮相，兵器库里陈列的刀枪剑戟难掩锋芒，杏花街上引人垂涎的数家美食香气四溢，百工坊里巧夺天工的手工艺品匠心独具，还有可以参与体验的酿醋坊、酿酒坊、咸菜坊、馒头坊、香油坊、豆腐坊……好一幅北宋兰陵农村生活的生动画卷。

除了景色和娱乐设施，这里还有依据乡村老宅改造而成的古村落民宿。傍晚时分，我入住了景区附近极具特色的画家村艺术民宿。画家村艺术民宿以“把建筑还给自然，把生活留给时间”为主题，致力于为艺术创作者提供闭关思考的空间，为身心疲惫的旅人提供解压养生的隐栖之所。

住在民宿中的“桃花舍”，晚间看空中明月星辰，闻山间野花芳香，不知不觉，心都放空了，同时，思维也变得特别开阔，回房间读书写文章，流畅如行云流水。

压油沟这样的神仙地，我以后会常来的。

TIPS

中国兰陵压油沟风景区

中国兰陵压油沟风景区是国家AAAA级旅游景区，这里三面环山，一面临水，民风淳朴，民俗古典朴拙，乡土气息浓厚，是典型的北方古村落代表。景区是一所让人流连忘返的天然氧吧，是一处修身养性的休憩之处，是一处集湖光山色、农事体验、特色美食、手工作坊、红色教育、主题民宿、休闲养生于一体的乡村旅游综合景区。

兰陵县金岭镇压油沟风景区

0539-5212888 0539-5215888

一园揽四季，一日跨千年

文 / 十三月

海子有首脍炙人口的诗：从明天起，关心粮食和蔬菜 / 我有一所房子，面朝大海，春暖花开。

可仔细想想，终日穿梭于写字楼间、沉迷于网上娱乐，我们已经有很久没关心过粮食和蔬菜了。霎时，有一颗向往田园的心在蠢蠢欲动。周末，在身边朋友的推荐下，启程去了位于代村的兰陵国家农业公园。

去之前本没有抱太大希望，毕竟十年之前，我也是从田野间走出来的。如今在城市工作、生活，再回忆土地，往往只感慨于它的广阔辽远。尤其此时是夏季，村里的农家还没到收获的季节，在农业公园又能看到什么呢?

直到一睹它的真容，才叹为观止。

TIPS

兰陵国家农业公园

兰陵国家农业公园位于山东省临沂市兰陵县代村，是国家AAAA级旅游景区，规划占地面积2万亩，现已开发建设1万多亩，是山东省目前唯一被命名的国家农业公园，也是省内规模最大的生态农业旅游庄园。

兰陵县顺和路中段

0539-7928899

首先抵达了华夏菜园。广阔的种植空间，一眼望不到尽头，得名“华夏”二字实不为过。菜园内不仅种有菠菜、黄瓜、茄子等传统蔬菜，还有无土栽培的番茄、紫龙辣椒、五彩甜椒等，个个水润亮泽、长势喜人。转完园子，发现一年四季的蔬菜瓜果在这里都能看到，当真“一园揽四季”。最令人印象深刻的，当数美国红巨人南瓜了，只见碧绿的叶子之间，躺着十几个体重在150斤左右的黄色南瓜，个头之大，能够充当附近十几户农家的午餐菜品了。

离开华夏菜园，跟着人群赏路边花草，听流水潺潺，不知不觉，走到了雨林王国。这里是小朋友嬉戏的天堂，只见错落有致的热带植物中间，分布着造型巨大的远古恐龙，剑龙、肯龙、华阳龙……小朋友们好奇追问，家长和导游耐心解释，与其说这是一趟观光之旅，倒不如说是一堂生动形象的远古生物课。我本来对恐龙不感兴趣，结果听着听着，不知不觉间就入了迷，当即决定，之后一定要带家里的小皮孩儿过来玩。

最后，又忍不住逛了一趟菜园，看了一遍瓜果。看着这些琳琅满目的果实，疲惫浮躁的心也跟着平静了，充实了。

比农业公园“一园揽四季，一日跨千年”更为珍贵的，是在这个浮躁的世界上，仍有无数新农人愿意坚守在土地上，不断地挥洒汗水，付出辛勤的劳作。

很多时候，人们都在向往诗和远方，却忘了土地才是孕育一切生命的襁褓和力量。

殷勤问我归何处，沂水之南院东头

文 / 次赞

青山随云走，大地沿河流。

人人向往诗意的生活，或面朝大海，或隐居山林，在月夜里漫无涯涘地空想，在松涛中怀念往日奔腾不复的时光……

于是我们来到院东头。

院东头镇的“院”是指始建于汉代的望仙院。望仙院是有“齐鲁冠”之称的古寺庙，兴盛时，庙宇重叠，梵楼林立，僧侣多达千人，香客、游人云集，香烟升腾，诵经声如雷滚滚……久而久之，在寺院东头渐渐有了卖茶水、饭食的商贩，有了演出的杂耍艺人。渐渐地，寺庙周围有人定居下来，渐渐形成了村落，渐渐形成了小镇……由于镇子地处望仙院的东头，故得名院东头镇。

院东头镇文化底蕴深厚，文物古迹众多。刘家店子村一带，春秋时期曾为封邑所在地。1977 年，村民在村西约 500 米处的一块高地上深翻整地时，挖掘出了一些陶器、青铜器，后经考古专业人员进行规范的考古挖掘，在相距不远的墓穴、马坑内又出土了众多古器物。

镇子自然风光优美，景色瑰丽雄奇。临近地下大峡谷、天然地下画廊、沂蒙风情小镇、萤火虫水洞等景区，若想把全部景观都看完，必得在院东头镇住上几天，那镇中民宿，又是绝佳之选。

密林绿树翠竹，石桥红瓦木屋。群山怀抱的桃棵子村，顺山势错落有致地分布着九处木屋，谓之“一山九墅”。

别看一山九墅地理位置偏远，室内设施却极完善。宽敞的客厅、现代的厨房、温馨的卧室、舒适的大床、宽大的沙发，室内还配备空调、挂墙电视、独立卫浴、免费 WiFi，足以满足你隐居山林、融入自然，乐享现代乡村生活的需求。

桃棵子村四面环山，人们依山而居、靠山而活，有着和大山一样朴实稳重的性格。村内盛产生姜，村里还保留着不知已多少年的深不见底的老姜窨，旁边石头砌成的图腾一样的神秘图案，仿佛在诉说着历史……

院东头，桃棵子，我的魂牵梦萦之地……殷勤问我归何处，沂水之南院东头。

九间棚里夏日长

文 / 周亚

“人皆苦炎热，我爱夏日长。”

夏天，炎热又明媚，漫长又久远。

而“度夏”，是一种态度。人须得坐在老家大门口，吹着潇潇洒洒的穿堂风，摆上端端正正的小木方桌，切开一个翠绿翠绿的西瓜，大口咬下又沙又甜的无子尖角，任甘美的果汁在口中迸发、流淌……再打个长长的嗝，饮下一碗浓浓的酽茶，手里摇晃着一把大大的蒲扇，观察蚂蚁如步兵般有序地贴着墙角觅食……这才叫度夏。

可自从告别了学生生涯、告别了暑假，夏天好像也渐渐离我远去了——燕子从不来高高的写字楼上筑巢；蝉鸣穿不透厚厚的钢化玻璃；空调房里冷气太足，需要备件薄衫……从前翘首期盼的夏天，如今风流云散。

直到我来到九间棚。

到处有明媚的阳光，和友人迎着清爽的风沿山路蜿蜒而上，路旁郁郁森森，皆为果树，结实累累。不知名的鲜花在田野上随风摇晃，散发着阵阵幽香。枝叶簌簌作响，大黄狗正在安然入睡。

恍然间，有误入桃源之感。

当下便决定留宿山中。独门独院的

九間棚景區

家和萬
平安吉

沂蒙山人
上海電影製片廠
影視基地

TIPS

九间棚旅游区

平邑县地方镇九间棚村

0539-4379177

民宿，院子里铺着碎石小径，种着桃树，桃子尚未熟透，青绿的果子煞是喜人。院墙由山石垒砌而成，石缝中星星点点地长满了小巧却又浓郁的青苔，仔细观察，就能走进它微缩的小小世界，如同走进一片茂密的雨林。

太阳渐渐落下山去，村庄开始隐匿进阴影里。我站在大门下，吹着轻柔的晚风，这时，

我又看见了燕子飞回巢中哺育新生的儿女，又听见了嘹亮婉转的蝉鸣……

一夜安眠。第二天一早，被清晨的鸟鸣声叫醒，拉开窗帘，明晃晃的阳光照进房间。久违了呀，我的夏天！

山居秋暝
隐世闲居
空山，新雨，
晚来秋
明月，清泉，
愿君留

第五章

任

一方庭院，满屋时光

文 / 周亚

沿着山路扶摇直上，晨起的露水被逐渐炙热的阳光消散，一行人的脚步将茂密的丛林拨开，就看见一道古朴的城墙颤颤地立在了山顶，连着起伏的山峦挥挥洒洒地散成一片，孤独地坚守着被尘封在大山里的历史。

这是位于沂南的一个安静的山村，青山绿水，如春笋般初绽。石崇崮大院，一个静谧的院子，不仅仅是一处历史遗迹，更是一处休闲的好去处，一个安静的院落，一处归家的灯火，自然与温情浓厚地酝酿于这处简单的院落之中，洗涤劳碌与奔波，让人重新寻回生活之乐。

要找到这样一处静谧之地，不是一件简单的事。高楼在车窗中一闪闪地向后退去，随着前行愈发稀少。沿路而行，随之而来的是一片片被雨水洗刷过后的绿意，山道蜿蜒曲折，道路逐渐窄狭，车子在凹凸中颠簸前行，要寻找遗失在山中的美好心境，需要付出加倍的努力。石崇崮像一个沉睡已久的老人，在等着我们的唤醒。

一处极具特色的传统民居，坐落于此地。四周山水环绕，树木稠密，鸡犬相吠相互成趣，堪称最宜居之地。简约的空间布局，毫无杂乱与拖沓之感，规划整齐，精致统一。一边一角，都有景致点缀其间，带来无限生机，活泼之余，悦人心间，怡人耳目，就如一个躺在母亲怀里安睡的婴儿，忽地又仿佛是一位闭目养神的耄耋老人，让人静享安宁。

都市中的霓虹在这里毫无新意，车水马龙也无所居存，与现代生活有着显著差异的安静村落，却给我们带来了富有诗意的愉悦，不禁有感而发，与其每日与钢筋水泥长相厮守，不如找一个惬然凉爽的雨后，与古村来一次不期而遇的邂逅，让尘封已久的历史洗涤被禁锢的心灵。也许来到这里之后你才发现，那看似朦胧飘幻的历史，如此轻易地就展现在眼前，岁月的流转也不再遥远，自己早已深深地与它印刻在一起。

山顶的太阳慢慢升了起来，薄雾徐徐散去，枯黄的花草恢复了矍铄，整个石崇崮笼罩在这一片跳动的生命里，也缓缓地张开了双眼，与我们的内心一起，活了过来。

入沂蒙，
切勿匆匆；
近人家。
再回旧梦。
谁不是城市中漂泊的羁客，
唯有这沂蒙人家山舍，
挽一缕云烟，
梦中等你也等闲！

TIPS

沂蒙山舍

蒙山旅游度假区蒙山人家景区内

18811630352

沉醉，沉醉，在沂蒙山深处

文 / 王潇敏

你常说，在你的旧梦里有一座房子，推开厚重的木门，青石板铺路，客舍青青，水声潺潺。

你常说，梦中的你是小时候的模样，坐在溪畔听水轮车吱呀歌唱。小时候耳朵是单纯的吧，听得见花开，听得见云卷，更听得见鸟鸣和风吹过山林。

“春有百花秋有月，夏有凉风冬有雪”，
那些城市中的车水马龙暂时沉于脑海深处，
留下的只有眼前的层峦叠翠和耳畔的泉响蛙鸣

我们都以为那只是一场旧梦，是深夜送给城中人过度喧嚣之后的慰藉。直到我们走进蒙山度假区，遇见沂蒙山舍；直到梦中的景象悉数出现在眼前，我们才终于明白，那些旧梦是我们这些羁客记忆中的烙印。沂蒙山舍位于临沂蒙山旅游度假区蒙山人家景区内，是沂蒙留给喧嚣尘世的一处后花园。见惯了高楼林立和霓虹闪烁的城中人，久别回乡，最想看到的也许就是这里傍晚那星星点点昏黄的灯光。

身后是青山挽云霞，眼前是流水绕绿树。庭院中有古木参天，树荫下的淡槐香气是儿时的夏天记忆。

观云、听瀑、依山、忘怀、自在，这些不止是沂蒙山舍的客房名字，也提示你在沂蒙山舍依山观云，忘怀听瀑，好不自在。山舍的石墙木屋，嵌着落地玻璃窗，远望青翠近闻犬声，发呆、作画、读书，一切与闲适相关的事都适合；屋顶有宽大的露台供友人欢聚、唱歌、烧烤，“春有百花秋有月，夏有凉风冬有雪”，那些城市中的车水马龙暂时沉于脑海深处，留下的只有眼前的层峦叠翠和耳畔的泉响蛙鸣。

入沂蒙，切勿匆匆；
近人家，再回旧梦。
谁不是城市中漂泊的羁客，
唯有这沂蒙人家山舍，
挽一缕云烟，梦中等你也等闲！

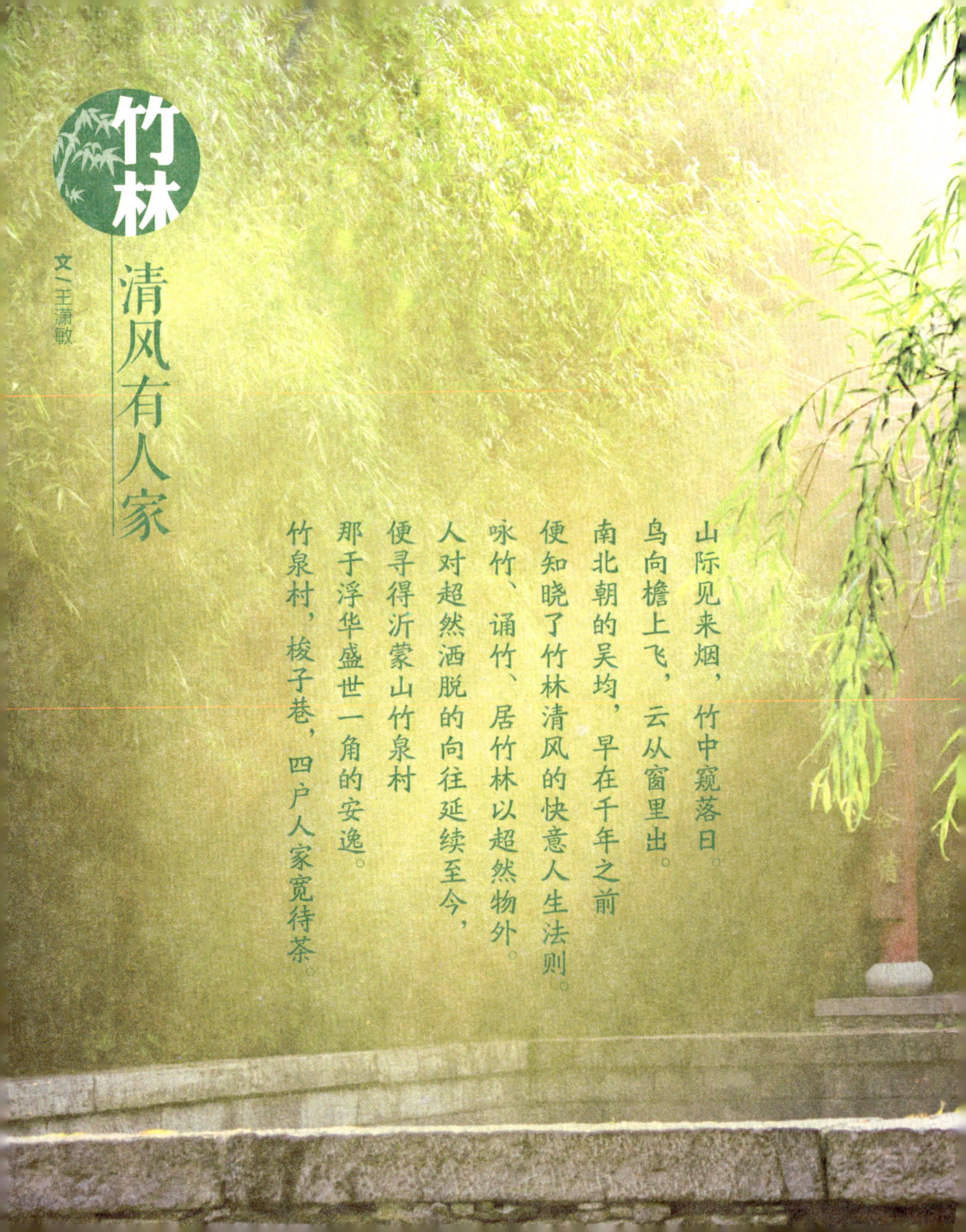

竹林

清风有人家

文/王潇敏

山际见来烟，竹中窥落日。
鸟向檐上飞，云从窗里出。
南北朝的吴均，早在千年之前
便知晓了竹林清风的快意人生法则。
咏竹、诵竹、居竹林以超然物外。
人对超然洒脱的向往延续至今，
便寻得沂蒙山竹泉村
那于浮华盛世一角的安逸。
竹泉村，梭子巷，四户人家宽待茶。

TIPS

沂南县竹泉村精品民宿

沂南县铜井镇竹泉村

0539-3826666

杏月家·杏月何须问牧童，绿竹烟绕岁月轻

林徽因曾以人间四月天描绘美好，但实际上，城市中是没有四月的。芳菲不属于城市，只有车水马龙和“一年之计在于春”的繁忙人群。我们去哪儿寻找那一树一树的花开，去哪儿听燕在梁间的呢喃?

去竹泉村，去杏月家，想住堂屋，有“绀香”和“红杏”；想住厢房，有“朵兰”“流樱”和“青梅”。简欧风也能与新中式产生火花，“INS”风也能与北方独有的炕席和谐搭配。

巧月家·纤云弄巧绕飞星，朗月繁花待有时

巧月家是属于夏天的，采光顶罩着中庭，“雨后”“风中”“月下”“荷前”，既是房间名字，也成就人生乐事。夏天是属于寂静的，每个房间都有一个极为私密的小院子，寂静中时不时响起的蝉鸣是巧月为你准备的夏日盛宴。

霜月家·蒹葭苍苍秋已深，白露为霜候佳人

当北雁南飞秋风起，花落无可奈何，一片萧瑟。竹泉村的霜月家于秋风中独守一林翠竹，满园名菊，山坡上的菊花五彩斑斓，只待采菊东篱下，客回霜月家。

腊月家·冬日煮酒相对坐，腊月赏雪正当时

冬日里寂静的雪夜，谁会想孤独地过？找个清静雅致的复式袖珍会所，约三五好友小聚，煮酒赏雪论人生，听听冬天的寒风也有低声倾诉时，看看雪后的月色也有别样温柔。腊月家就这样在竹林中，守着冬日的积雪和暖阳，等待着煮酒相对坐，赏雪论人生的你。

时分四季，竹泉村便准备好四季的景象在此等候。人生分冬夏，竹泉村民宿于沂蒙山深处，以家的姿态，等你临泉听清音，倚竹度四季。

逃离城市，寻一处山间农舍撒把野

文/孙淑云

在城市里待久了，久到似乎忘记雨后荷塘蛙叫的欢畅，忘记夏日午后蝉鸣的悠闲。我们慌慌张张匆匆忙忙，向水泥砌成的大厦森林妥协着：也许生活本该就是这样。偶然间，听见窗外小鸟叽叽喳喳，一恍惚，以为回到童年时期，春有青青草萌芽，夏有童伴水塘边戏水，就连秋和冬，都能在晨霜和大雪的白色里感受大自然。

林语堂曾说，世界大同的理想生活，就是住在英国的乡村。中国的乡村又何尝不吸引人。遍寻网络，挑一处农家山舍，背上行囊，独自前往。我启程去寻找心目中的理想生活。一路沿着高速公路驶入沂蒙老区，眼前的景致从高楼到烟囱到河流再到丘陵，一变再变，蜿蜒的山间公路上巴士奋力前行，向下望去，竟是层叠的山峦和绿荫，路边将刚摘下的桃子装箱的农户吆喝起来，倒也成了这乡间一景，伴随着满山瓜果香甜，我来到沂蒙老

TIPS

老山街民宿

沂水县院东头镇桃棵子村

13853901652

偶然间，听见窗外小鸟叽叽喳喳，
一恍惚，以为回到童年时期，春有青青草萌芽，
夏有童伴水塘里打挺，就连秋和冬，
都能在晨霜和大雪的白色里感受大自然。

山街民宿，山石砌成的院墙镶嵌着老树凿制的木门，大院子套着数个独栋的小院子，青石板与小碎石铺成的小路连接着一排排红色砖瓦堆成屋顶的瓦房，小院子门口扎起的篱笆围护着花花草草，让人赏心悦目。进入屋内，八仙桌和八仙椅映入眼帘，不由忆起儿时爸爸摇着蒲扇啃着西瓜的画面。久违的乡村，久违的亲切感。

再往里走，干净整洁的大床早已等候我的到来。这屋里的一切都透着古朴美好。隔着窗户，时不时飘进来的农家饭香与肚子达成契约，一个热情地召唤，一个饿得咕咕响。顾不上别的，先去饱餐一顿，然后期待着这一个能够安然入眠的夜，伴着蟋蟀声也好、蛙叫也好、水声也好、山间风声也好，终归都是天籁，终归都是美梦。

离开之际方又得知，这沂蒙老山街民宿所在的沂水院东头镇桃棵子村八亩地的山脚下，盘卧着另一处农间民宿，名作“桃棵子休闲度假民宿”，是数间纯木质结构的房屋组合，也是别有洞天。

或许，我该计划下一次旅程了。

山间桃花源，浮生从前慢

文／了了

这处民居，是我们一行人误入的。

初夏，逢周末，我约了好友一道去游沂蒙山。早就听说这有一千年古村落，却不知这里竟还有一处保留了原始老宅形态、隐匿在众多村落中的民宿——富泉山居。

一行人都有些疲惫，似发现新大陆一般，脸上都有些激动，寻思有个落脚的地方也不错，这样想着双脚也很诚实地踏了进去。

我本以为这处民宿与别处的民宿并没什么特别，但我未曾想甫一踏进去就被它折服。

改造后的传统石头房子最是吸引我，我只以为建在山间的民宿不过是他们的宣传噱头，但看了才知道，原来真是原始老宅的模样，虽经过改造，但也完全能看得到老宅的影子，只是有了落地大玻璃窗的参与，更添了些现代与传统元素相融合的美感。

看到工作人员时不时对这些窗子“做手脚”，问了才知道，这玻璃窗也不是随便开的，大山里光线变化莫测要保证房间的玻璃窗要与之相契合，这样才能保证从每一扇窗子里看过去都是一幅山水画。

房间门前的树能看得出来还是山中老树的模样，房间内多数是由老工匠手工打造的老榆木家具，每个房间里都有可以直接喝的泉水，也可以用这山泉水直接泡个澡。石与木与泉，仅仅是这么一想，就很舒服。

远望去，远山含黛，天空澄碧，与城市中的喧嚣截然不同，房间内传统元素居多，像是墙上挂的笸箩，虽然是做装饰用，但打眼一看，就有纯朴乡村的影子。习惯了城市快节奏的生活方式，在这房间的角落里待一会，就感觉自己被浸在沁凉的山泉中，身心的风尘皆被荡涤了一遍，整个人都干净了。

临近中午，就能看到村民家中的烟囱开始冒炊烟，若不是亲眼所见，我还不知现在竟还有人用这样的方式做饭。但随后一想，这本该就是这样的，这样的方式在这里才是最自然的。不知是谁家的饭香味随着风吹了过来，勾得人的“馋虫”就跑出来了。

午后，在房间中小憩，万籁俱静时，越过林海穿过山巅绕过树梢的穿堂风，迎面拂来，最沁人心脾，平日萦绕在心头的烦扰随着风就散了，偶尔传来几声林间的蝉鸣鸟叫，往日觉得这叫声异常聒噪，现在听起来变得悦耳了。

我们离开时，正是傍晚，远远就看到扛着锄头的老伯干完农活从山上下来，一见我们就大老远开始吆喝，细听了听，是在跟我们打招呼。这样的“野性”我从未近距离接触过，但“野”得自在，又“野”得让人不舍。

回去的路上，几个人商量着一定要再上来一趟，住上几晚，重新感受木心笔下的“从前慢”。

TIPS

花筑富泉山居民宿

临沂市平邑县柏林镇池家寨村花筑富泉山居民宿

13395499363

邀星挽月对风眠

文 / 王潇敏

挽月吟诗风中宿，
满船清梦压星河。

若梦中真有清风拂柳，繁星闪烁，我便甘愿沉睡梦中。旅居沂蒙，本以为是山水之旅，寄情天地，却不料想，扎进星河月梦，曾经让我沉醉的美梦豁然出现在眼前。

土地平旷，屋舍俨然，有良田美池桑竹之属，这是《桃花源记》中的景象。等真正来到院东头镇四门洞村，山水环绕着村落，发掘古色古香的青石房最大限度地还原了桃花源中的良田美池桑竹。这里是旅人在途中的家，所以便于细节处，还原了“家”原本的味道——白日里青山绿水环绕，深夜里繁星钩月守候。小鸟与树永远在嬉闹，蛙与蝉也时时共奏。

初夏的夜晚最是迷人，哪怕是喧嚣的城市也笼罩在烟火气中，而隐藏在山水间的月亮湾，此时终于展示出超然物外的一面，它与星河为伴，与朗月同眠，旅居于此的人，于小院中举杯便可邀明月，对影亦可成三人。

这里离月亮最近，
这里离初心最近，
这里离童年最近，
这里离乡愁最近，
这里是月亮湾，是世外，
这里是旅人的清梦，
是故人的远方。

群仙洞府

浴日温泉

莫道春江远，沂蒙多温泉。
脉脉暖人汤，悠悠心徜徉。

第六章

陸

在汤头温泉，静待地老天荒

文 / 周亚

汤头，自古就是有名的温泉重镇、康养良地，温泉水流淌不息，已有两千余年。

关于温泉祛病、养生之功效，我国典籍早有记载。

东晋时期的著名的地方志《华阳国志》里就曾有言，温泉穴，冬夏常热，下流澡洗，治疾病。北魏元苌亦在《温泉颂》碑文中赞颂温泉“乃自然之经方，天地之元医……千城万国之氓，怀疾枕疴之口，莫不宿粮而来宾，疗苦于斯水”。

汤头，自古就是有名的温泉重镇、康养良地，温泉水流淌不息，已有两千余年。

汤头温泉水质特优，出口温度达 60℃，内含钾、钠、钙、镁、锶、氡和硫化氢等多种矿物质与微量元素，对人体具有杀菌消炎、舒筋活络、延年益寿、消除疲劳、美容减肥、强身健体之功效，浴后使人舒展轻松，体肤滑爽，为中国四大甲级温泉之一。

在汤头，还流传着一个关于温泉的美丽传说。

TIPS

汤头温泉

汤头温泉历史悠久，是我国最早的四大天然甲级温泉之一。有2100多年的历史。公元前86年此地即已建村，汉昭帝时封刘安国为温水侯，又因地处汤水源头，故名“汤头”。

汤头曾有座汤神庙，供奉着汤神奶奶。相传，每到清明的前一天，汤神奶奶都会显灵，在汤池中施加神药，浴之能治百病。而被汤神奶奶施神药后的汤池，五更前人饮汤水能祛病消灾，下汤沐浴则百病可除，极其灵验。更传言人如能在清明节当日到汤头沐浴，一生不长疮疖……

正因如此，每到清明，当地会接连举行三天“汤头大庙会”，人山人海，热闹非凡，方圆百里的男女老少都会前来焚香、祭拜以祈求汤神奶奶的庇佑。

北魏时期，水文地理学家郦道元在《水经注》中有“汤泉入沂”之说。野馆汤泉被列为“琅琊八景”之一，《沂州府志》有诗赞曰“野馆空余芳草地，春风依旧见遗踪”。

汤头温泉之遗踪遗韵，就这么勾动着人们的心。

为了你，这温泉流淌了千年

文 / 十三月

清明时节回到故乡，回到童年生活过的地方，陪奶奶参加祭拜汤神大典。

故乡名叫汤头镇，汤山，汤河，汤桥，汤眼，汤神，下汤，拜汤……故乡的山川、故乡的人文都有汤的影子，汤文化早已融入故乡人们的日常。

在故乡，汤神祈福，是一场历史悠久的、极为重要的仪式。据传，汤神奶奶非常灵验，只要人们诚心祈求，无论祛病、求子、升学、升迁，汤神奶奶有求必应；若祭拜、下汤时，人有非分之想，汤神奶奶则会怪罪惩罚。因此，汤神奶奶在本地百姓的心中愈加神圣，本地民风也愈发敦正……汤神庙部分毁于古时战火，“文革”时被彻底拆除，2018 年秋，观唐温泉度假村斥资重立“汤神庙”，供人们祭拜、游览。

天蒙蒙亮，奶奶就急不可待地喊我起床，到观唐温泉参加祭拜汤神大典。

来到观唐，远远便听到鼓锣阵阵、乐曲悠扬。走近了，只见身着汉族传统服装的祭

拜队伍缓缓行向汤神庙的方向。不时看见随行的游人换上古装，紧随队伍而行。

祭拜队伍列队立于汤神庙前，待主祭官宣读祭文后，人们纷纷向汤神奶奶神像行祭拜大礼，祈求汤神奶奶庇佑……这是千年温泉古镇汤文化的传承。

参加完祭典后，奶奶带我留在观唐“下汤”。“下汤”是汤头人对于泡温泉的独特叫法，清明前后，汤头人必定要“下汤”一次，称之为“赶头汤”。千百年来，“下汤”也逐渐演变为一种沐浴仪式。我国传统中医认为春天是阳气升发的季节，清明时“下汤”，有助于身体阳气的升发，是春季养生的极佳方式。

“为了你，这温泉流淌了千年。”观唐温泉原本就是个大型的露天温泉主题公园，建有 11 大系列、80 多个室内外温泉泡池，露天温泉数量达 66 个之多。儒风古韵、蒙山沂水、绿色沂蒙、丽人养颜、名花名石、异国风情、蒙山三宝……十一大系列主题温泉成为观唐温泉最大的特色。

水面上升起袅袅轻烟，将身体缓缓没进温泉汤中，一边任温柔的泉水滋养自己的身体，一边悠然地欣赏院内的茂林修竹、水木清华……茫茫兮温泉，渺渺兮云烟。观唐无所有，聊以洗尘心。

TIPS

观唐温泉

山东观唐温泉（国际）度假村，国家AAAA级旅游度假区，坐落在千年温泉古镇——汤头，突出温泉文化中的和风唐韵，整体再现大唐盛世之景象。度假村由露天温泉主题公园、温泉养生度假大酒店、国际会议中心、温泉养生住宅、生态农业与观光基地、生态文化广场、滨河公园景区七大部分围合而成，是集温泉旅游、休闲度假、餐饮娱乐、会议服务、生态农业与观光于一体的综合性旅游度假区。

河东区滨河东路与汶泗路交会处

0539-8707555

千百年来，清明前后“下汤”也逐渐演变为一种沐浴仪式。我国传统中医认为春天是阳气升发的季节，清明时“下汤”，有助于身体阳气的升发，是春季养生的极佳方式。

氤氲中，隐见人间天堂

文／十三月

温泉

TIPS

鲁地天沐温泉

鲁地天沐温泉度假区坐落在郯城县美丽的银杏林中，温泉出水温度55℃，泡池内水温恒温37℃-44℃，蕴含着对人体有益的30多种微量元素和矿物质。度假区采用盛唐建筑风格，结合本地源远流长的银杏文化，在规划布局上保持天然风貌，尽显清新怡人的田园风光。

郯城县新村银杏产业开发区

0539-2103500

初闻“天沐”二字，颇觉惊艳，未见之前，不禁想象此地的环境必然得天独厚，乍然相见，发现实际情况确实如此。

初次抵达鲁地天沐温泉，是在一个冬天，彼时正被连续的感冒折磨得身体疲惫不堪，有朋友建议说：去泡个温泉吧。找来找去，找到鲁地天沐温泉。

当日抵达的时候天空正飘着鹅毛大雪，我和朋友就没有选择露天的温泉池，而是直接躲进了室内。蒸腾的水雾在整个房间弥漫着，还没泡温泉就昏昏沉沉睡了过去，难得一觉睡到自然醒。醒来之后，顿觉身体舒畅，神清气爽。

这样美妙的经历，让我在心底对鲁地天沐温泉产生了极好的印象，无论身体疲惫了，还是心灵疲惫了，就常常想着过去休整一下。

秋日再次相遇，只见鲁地天沐温泉又有另外一番好风光。

满眼的亭台楼阁、茅舍青竹，青石板路宽阔平整，在院内逛逛，瞬间就被周围的唐风建筑吸引了。规模磅礴如宫宇的，纤巧别致如小阁的，映衬着花草树木，点缀以雕塑山石，营造出一派大唐建筑的富丽之感，逛着逛着，恍然之间竟有梦回长安之感。而分布于房舍楼宇之间的棵棵银杏树，应是度假区内最亮眼的点缀了。正值金秋时节，金黄色的银杏叶挂满了枝头，偶有细风吹过，落叶浮浮扬扬，精致纤巧，宛如秋日写给鲁地天沐温泉的信笺。

室外的温泉池共有 43 个，沐浴天然泉水，观赏青绿山水，别有一番趣味。

室内的汤泉也多以银杏为主题，主要包括游泳馆、水疗馆和鱼疗池等。

如此多的温泉，当真令人眼花缭乱，挑了又挑，最终选择了最具特色的银杏主题汤区。雾气袅袅而起，泡在恒温的泉水中，感觉比上次愈加惬意。不知不觉，夕阳逐渐落下去了，霞光覆盖了水面，让人宛如置身于天池中，氤氲缭绕，瞥见天池边众仙聚会的盛景。

到鲁地天沐温泉，是一场观赏盛唐风光的惬意之旅，也是一场隐见世外田园的邂逅之旅。

在智圣汤泉，泡去心中云梦

文／程涛

“春寒赐浴华清池，温泉水滑洗凝脂。”初学《长恨歌》就对脉脉温泉心生向往。

冬日泡温泉是一种享受。临沂多温泉，年后得闲，与友约至“智圣”泡汤。

汤泉位于智圣诸葛亮的老家，故名智圣汤泉，在当地流传着和诸葛亮相关的许多故事。相传，阳都（今沂南）城附近有个幞头山，幞头山上有个幞头道人，深谙伏羲八卦。少年诸葛亮常随父亲到幞头山游玩，见道人演示八卦阵法，深受启发，日后更是将其运用在军事上，这才有了流传千古的“功盖分三国，名成八阵图”的智圣之名。

智圣汤泉按照八卦阵法布置八卦沐浴养生区，分为乾元、兑金、震动、坎生等九个区。所有汤池造型各异，同时讲究大小配合，三步一小汤，五步一大汤，错落有致。智圣汤泉还按照泉池的区位和特点给汤池命名：一品、二极、三友、四季、五福、六珍、七彩、八阵、九如。

在室内适应好水温，我便迫不及待地开始去室外找适合自己的汤池。室外的汤泉，青石古道、小桥流水、烟雨长廊……雾气氤氲，没想到在北方的冬日里还能看到犹如江南般的景致风韵！

“冬日洗池，丹田温灼。”冬日泡温泉可以达到强身健体的功效。在温泉池里缓缓下滑，温泉水没过胸口，这一刻什么也不用想，什么也不用做，只睁开双眼，抬头望着天空，望着缓缓飘过的云朵，任温热的水流从身上滑过，在这水汽蒸腾氤氲中，彻底地放松身体，然后静静地感受来自心灵的舒爽。

一汪温泉，一碟花生，一壶小酒，一段惬意悠闲的泡汤之旅。

TIPS

智圣汤泉旅游度假村

沂南县朝阳路北首

0539-3773888 0539-3773777

寒风作媒，邂逅在汤山一隅

文/了了

“客来争解带，万劫付一洗。”宋时，朱熹这样形容温泉。我本就诧异于温泉的神奇之处，再有千年文化的加持，心向往之，我自感受过一次温泉的妙处之后就难以再拒绝，不管去任何一个城市，总是要先打听打听温泉所在的。

世人皆知，临沂多温泉。

刚入冬时，正好有几天的时间，算是慕名而来，我和一在临沂的大学时的好友约好时间，就直奔她去了。

天公不作美，到站时天有些雾蒙蒙的，怕是初雪要来了，好友早早地叫了车等在车站门口。我俩好久不见，坐在车上开始讨论这几天都要去哪玩，好友报了目的地，司机热情得很，挑着我俩聊天的间隙，开始喋喋不休地介绍起我们要去的地方来，听司机说这是离临沂高铁站最近的一家温泉酒店，中间提到汤头温泉的时候，我耳朵就支棱起来了，莫不是这家温泉还沾了汤头温泉的光？

然，司机师傅仍说得意犹未尽，我们就抵达了。下车后，山上的冷气扑面而来，我拢了拢外套，环顾四周，远远地能看到茶山和脚下的沂河水，司机师傅的声音突然从身后冒出来，“姑娘，这回啊你可没来错地儿。”我回以微笑，心想这温泉只有泡过才知道啊……

因天气原因，我们选择了室内的温泉，看着种类繁多的泡池眼花缭乱，我最终选择了从没泡过的红酒池。看介绍，红酒汤泉对女孩子倒是很友好，甫一见，红色的汤池对眼睛也是颇为震撼，雾气氤氲，红酒池特有的香气直接就把我圈在了那里，长途的疲劳和长期处于紧张工作状态的身体一下子得到了解放，心想着待明日天好了，再去泡泡室外的神农七汤泉，此时丝毫不觉已然非常认同司机师傅说的话了。

当天，我们直接留宿在此，好友献宝似地拿出一瓶红酒，借了酒店的高脚杯，侃天侃地，两人似有说不完的话。

我在临沂待了三天，把整整一天的时间交代给了这里——奥华国际温泉，心想着日后若是寻得机会，一定要多来泡泡汤，不为别的，只为慰藉慰藉自己。

TIPS

奥华国际温泉

临沂奥华温泉位于临沂汤泉省级旅游度假区核心位置，紧靠沂河，远眺茶山，拥有得天独厚的温泉资源打造出了40余个特色泡池；壮丽的滨河景观也是该度假区的一大特色。度假区整体上融欧式古典风格和现代设计融为一体，深受游客的喜爱。

山东省临沂市河东区滨河东路与奥华路交会处

0539-8712888

松风为诗，遇见蒙山康谷

文/雪碧

登山，是一次与自己的对话。

康谷温泉，处蒙山之地，连蝎子山为一体，采蒙山之水而成。四季蒙山，各有意趣：春季树木抽芽、林海花潮，夏日绿树浓荫、飞瀑直流，秋季漫山红叶、天高气爽，冬日白雪皑皑、银装素裹。泡温泉是一场身体的疗愈，登山，则是一次与自己的对话。拾级而上，赏山野意趣的同时，也把内心沉积的烦闷一扫而空。

松林，沉醉不知归路。

四季皆可泡温泉，我则独爱冬夏两季来康谷。夏季，若是下一场雨，山间松林挂满水珠，喜鹊站在枝丫梳理着羽毛，松枝发出轻微的颤抖。冬日，沿途白雪覆盖，松林点缀，银装素裹，沐浴在温暖的泉水中，氤氲缭绕间，流连忘返。

竹林，禅房一间静心小住。

TIPS

蒙山康谷温泉旅游度假区

蒙山康谷温泉旅游度假区，位于蒙山龟蒙景区右侧，是集温泉沐浴、休闲养生、生态旅游、商务会议为一体的温泉旅游度假区。蒙山康谷温泉，融合蒙山休闲养生的优越环境，与蝎子山连为一体，采蒙山之水，成就独具魅力的温泉养生基地。

蒙山旅游度假区龟蒙景区康谷温泉

0539-2091118 0539-2091119

若是想逃离都市，最理想的就是寻山间一竹屋，曲径通幽，禅房花木。其实，就是到康谷的竹林小筑温泉闲住一日。

一个身处竹林之中的木屋，庭院里有竹林温泉，听潺潺流水，感受微风拂面，轻嗅花香满园。浸泡在高山温泉水中，感受放松、惬意与悠闲。

温泉，以中药入汤，融入道教文化。

康谷温泉有 66 个温泉主题泡汤，可在金银花汤、何首乌汤、益母草汤、灵芝汤、紫草汤等汤池中感受药浴养生，亦可于触源——慧泉区、灵泉区、神泉区、仙泉区、鬼谷传说区、寿泉区中体味道教文化。

休憩过后，再来一顿养生餐，身轻饭饱，恬然自足。

四季蒙山，遇见氤氲康谷，晨光中，暮色里，松风为诗，竹林奏乐，匆忙人生，不如来此歇脚静心再出发。

汤山脚下的千年温泉

文/十三月

据史书记载，知春湖古已有之，孔子、秦始皇等众多文士名流都曾到此沐汤。知春湖温泉不仅富含20多种对人体有益的矿物质，还具有丰富的人文底蕴。

如今，依循古代温泉旧址，建立在汤山脚下的鲁商知春湖温泉酒店，宛若一处世外桃源，避开闹市，毗邻山水，自然风光秀丽，人造景观雅致，游客到此游玩，可欣赏秀丽的山水风光和古色古香的建筑，可沿湖垂钓，也可品尝高档西餐和地方小吃，当真不胜惬意。

知春湖最引人入胜的，当数酒店内的温泉了。温泉体验部分建筑面积达25000平方米，包括室内温泉理疗和室外温泉汤养两部分。室内为理疗主题温泉，包括中医特色理疗和德式水疗体验区，提供中医针灸、经络理疗、特色推拿等特色体验。室外温泉包括神农九汤温泉区、香薰温泉区、中药温泉区、浴盐温泉区、花语温泉区5大特色温泉体验区。

沐浴在风光秀丽的室外温泉游泳池，抬头尽是山野风光，低头一片清波荡漾，或嬉戏游乐，或自在小憩，宛如身处田园般惬意。室内的温泉则分为不同的主题，有极具现代化的，有充满古典韵味的，有温馨典雅的，有装潢富贵的，可根据个人喜好选择，保证在每一处都会遇到意料之外的惊喜。

这处汤山脚下的古老温泉，千百年来吸引了众多游客，也赢得了大家的交口称誉。具体是怎样的惬意享受，其中滋味，还需要你亲自来体验！

TIPS

— — 鲁商知春湖温泉酒店 — —

鲁商知春湖温泉酒店是集温泉康养、禅修礼敬、会议会展、主题宴会、休闲游乐等功能于一体的综合性康养温泉文化主题度假酒店。酒店建筑为浪漫的西班牙风情风格，室内以现代度假风格为主。总建筑面积达41000平方米，地处汤河旅游度假区。

汤头温泉旅游度假区206国道与御汤街交会处

0539-8116666

第七章

柒

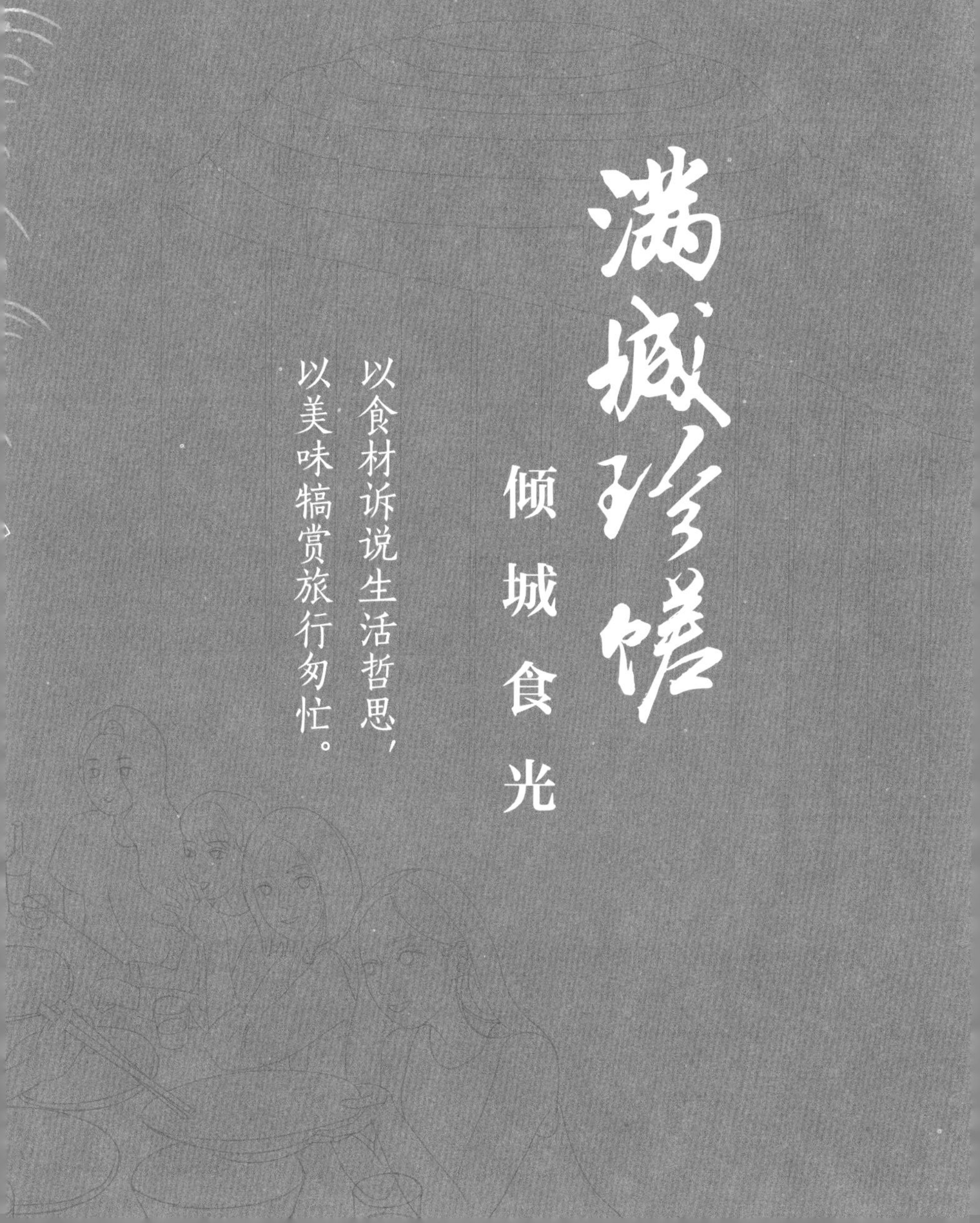

满城珍馐

倾城食光

以食材诉说生活哲思，
以美味犒赏旅行匆忙。

好听是小调，好吃是炒鸡都是临沂的

文/侯雅文

一道菜肴，将自身的美味发挥到极致之后，往往就会被印上一种地域的标签，比如四川火锅、长沙臭豆腐、北京烤鸭、哈尔滨香肠……在临沂，能够印上这种荣誉勋章的美食不多，“炒鸡”就是其中一种。

没到过临沂的人，只知道“临沂炒鸡”声名在外；亲身到了临沂的人才知道“临沂炒鸡”不止一种。沂蒙山炒鸡、沂蒙光棍鸡、孟良崮柴火鸡……同为“临沂炒鸡”，但却各有道法。

但凡来到临沂地界，不吃一回沂蒙炒鸡是说不过去的。但种类实在太多，不知何处“下嘴”。在下不才，多吃了几年的炒鸡，可为各位看官一引。

沂蒙山炒鸡入味最深，丝丝肌理中似乎都渗透着滋味。肉块外部因烹制变成诱人的酱红色，内部微微湿润，却也没有汤汁渗出，使得口感十分鲜嫩爽口。这样的口感，得益于它的烹调方式——大火收汁。鸡肉吸收了汤汁的美味，呈现出混合味道，香气持久，鸡肉不老不嫩，吃到嘴里肉感极佳。

而在蒙阴地区吃炒鸡，无人不赞“光棍鸡”。

传言因为最初炒鸡店工作人员全部是男士，取材又全是大公鸡，所以才将此菜戏称为“光棍鸡”。光棍鸡与沂蒙烧鸡相比，是将制作的重点转移到“炒”上。鸡块先下锅伴着干红辣椒翻炒，而后再炖煮收汁。如此一番“炒作”之后，鸡肉外焦里嫩，别有风味。

但如果想尝更为火爆的炒鸡，孟良崮柴火鸡值得一试。柴火鸡需先过热油炸，表面微焦后再入热锅翻炒。火舌舔动着锅底保持油热，一把干红辣椒再加一把青椒撒入另一锅中，热油烹出椒香味后再入鸡块。鸡块与辣椒时时碰撞沾上辣椒的香气与辣意，简单调味后即可出锅。

临沂的各种炒鸡都是油炸与炖煮两种方式充分结合，虽滋味不同，却同宗同源，也有着共同的精髓：选用当地土生土长的大公鸡为原料。

每当大如面盆的临沂炒鸡端上桌，便可预知又是一场大快朵颐的美味之宴。

临沂煎饼

敦品尽显轻薄之间

文/王天宇

就如《舌尖上的中国 2》的旁白所说，“要领略制作煎饼的原始工艺，必须回到最接近自然的地方。”

于是，我们用包围舌尖的辛辣来寻味四川，用舌口生津的槟榔来咀嚼湖南，用最平朴务实的食物——煎饼，来感知沂蒙山下代代相传的生存技能。

土房瓦舍，古树斜阳，清风徐徐，土鏊飘香。临沂的每一处古老院落之中，似乎都有一棵枝繁叶茂的古树，树荫之下，永远都有着一个在鏊前心无旁骛的摊煎饼妇女。一张张煎饼圆如银月，大如铜钲，色如黄鹤之翎，边形锯齿之状，轻薄之余透着坚韧。千百年来，就是这一张张薄如蝉翼的手工煎饼，养育着世代生活在沂河两岸的百姓，支撑着他们不卑不亢的平实人生。

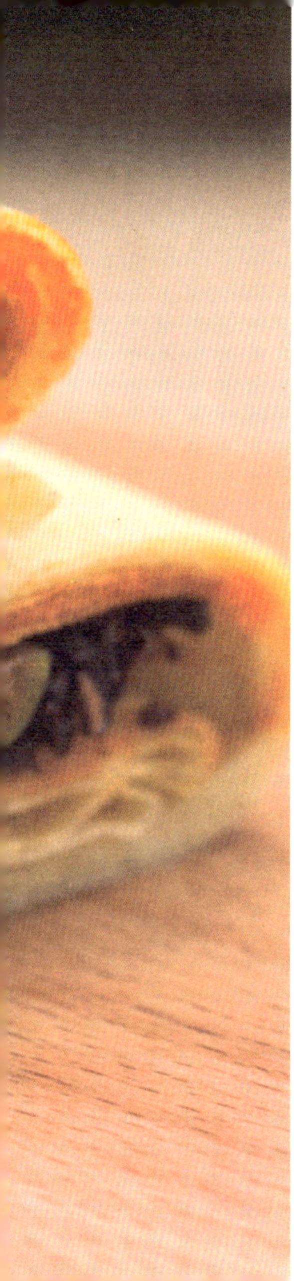

吃煎饼的方式有很多，小伙喜欢蛮口横咬，青筋毕露；老人喜欢坐在门槛之上，小口小口地消磨时间。要说煎饼能卷何物？就如同广袤银河之中的无数星点，每一种都会散发别样的光芒。卷大葱是最常见的吃法，一张韧劲十足的煎饼，包裹着白嫩脆甜的葱芯，让人们咀嚼肌练得结实。还可卷入虾皮与咸鱼，一层层煎饼裹着鲜咸可口的内里，用后槽牙横断一截落入口中，集满舌之力翻云覆雨，结结实实地咽下，一天的疲劳随之抛诸脑后。

食物不仅只有果腹之物一种身份，而是一个环境、地理、人文等多方面的集合体。就如临沂煎饼，和谁都能恰当搭配，毫无不合，既能与低为伴，亦能以高为伍。亦可迎合着时代健康潮流，以蔬菜瓜果为汁，在鏊子上摊出五彩缤纷的颜色、摊出瓜果香甜的味道。于是，又有了五彩煎饼和水果煎饼丰富着蒙山下百姓的生活滋味。临沂煎饼的滋味，如同沂河之水一般，灵动而婉转地在这片土地之上，静静地流淌，深沉地滋养……

早市一碗糁，清晨意正浓

文 / 了了

到了临沂，必须得去早市喝碗糁汤才算是过了正经的一个早晨。

前一天晚上做好规划，第二天起了个大早，拽着好友就找了个离下榻的酒店最近的早市。

看着大厨磕个鸡蛋倒入碗中搅匀，再浇上一大勺煮沸的骨头汤冲入碗里，热乎乎的香气扑面而来，撒点香菜和葱姜末，再让你端走，配个临沂煎饼，或是两根油条，几块钱就能吃得饱饱的。

这家糁馆店面不大，看着也有些年数了，外面有几张矮桌子都坐了人，热乎乎的一口进去，在冬日的清晨整个人就精神了。

说到“糁”，就得说说这名的来历，这在糁馆的墙上也是随处可见。相传，乾隆下江南时，在如今的郯城码头镇落脚，说是要尝尝当地的名吃，当地的官员直接上了这道味道独特的早点，乾隆爷一尝，哎哟，不错哟，随口问了句“这是啥？”地方官员哪来得及分辨，只忙着点头，“这是啥（糁），这是啥（糁）……”只不过是乾隆爷的随口一问，就成了它的名字——糁。不过话说回来，现代汉语拼音中是没有（sá）这个读音的，也是多年流传的缘故，方言上依然还是坚持原来的sá汤。

那么，糁到底为何物？

《说苑·杂言》中也有“七日不食，藜羹不糁”的记载。《礼记·内则》称：“糁，取牛、羊之肉，三如一，小切之。与稻米二，肉一，合以为饵，煎之。”这里所说的“糁”就颇像今天的“糁”，也被人叫作“肉粥”。

来之前，我和一行好友也对糁做过了解，糁养胃又养颜，但不同地区的糁，味道也有不同的版本。相比于盛行糁汤的济宁、枣庄等地，临沂的“黑糁”会更讲究些，它对火候、时间、搅拌、所使用的工具等都有严格的要求。一般是头一天选料，夜里制汤，熬制的时候放入大量的黑胡椒，并添加进粉碎的大骨头进行熬制，次日早晨才成糁，熬出来的汤色偏黑，味道也非常浓郁。

喝完了汤，看老板不忙就和他多聊了两句，老板年近五十，身型略显佝偻，老板娘也是，一口乡音，显得无比热情。说这家店开了十多年了，一早上能卖1000多碗糁，开店的成本不高，但是他家是生意最火的。

临沂糁汤能流传到今天始终保持一个味道，并不是一件多么容易的事情，现在很多人都崇尚食遍天下美食，但实际上合口的并不多，有些美食原先的味道一变再变，尝了又败兴而归的事情也不是没有。尤其是像临沂糁这样的地方传统名吃，知味识味的人才能体会到其中的妙处。

兰陵往事

文 / 十三月

乾元元年（758 年），李白因追随永王东巡而被流放夜郎，曾一度以为自己此生都不能走出夜郎了，没想到次年途中蒙天下大赦，他身上的枷锁竟得以解开了。

久困笼鸟沐自由，该去哪里呢？他思来想去，最终决定顺着长江疾驶而下，到江夏探望老友良宰。

故人相见，不胜唏嘘。良宰给李白斟满了酒，却见昔日嗜酒如命的李白只静静地看着酒杯而不动食箸。

他陷入了回忆。想他“五岁诵六甲”，至十五岁，所作词赋已受到众多社会名流的推崇。也正因如此，他不屑于同寻常人一样走科举之路，而是效仿姜公孔明，隐居深山，等待伯乐的来访。

可他没有等到，直到不惑之年，才因玉真公主和贺知章的推荐，入宫担任翰林一职。不久李白便对御用文人生活感到厌倦，后被玄宗“疏之”继而免职。“安史之乱”爆发，他选择追随永王以期平叛立功，最后却锒铛入狱。

想到这里，李白悠悠叹了口气，端起酒杯一饮而尽。

良宰劝道：“太白兄不必如此伤怀，你流芳后世即便不以功业，也必然会以诗文。浊酒一杯，虽不及太白兄饮过的宫中美酒，但余心恳挚，只祝愿太白兄以后的路，能顺顺利利、安安稳稳。”

李白却轻轻摇了摇头，他心中对美酒最深刻的记忆，不在长安，而在兰陵。

还记得开元二十八年（740 年），他到山东地区游历，初次尝到同青铜器一样历史悠久的兰陵酒，顿时大为惊艳，之后游历大河山川，

尝百家美酒，却唯独对此念念不忘。

“但使主人能醉客，不知何处是他乡。”

李白没想到自己一语成谶，仕途上的不得意，战乱之年的兵荒马乱，辗转流离难受重用，他早已望断家园却难回故土。

他还能再去一趟兰陵，还能再喝一杯兰陵酒吗?

他看着自己倒映在杯中的白发，心想：怕是不能了吧。

不过他会永远记得兰陵酒，因为那不但是他喝过的最好的酒，也见证了他饱览山川的最好岁月。

TIPS

兰陵美酒

兰陵美酒始酿于商代，至今已有3000多年的历史。战国时期，荀子两度担任兰陵令，为兰陵酒业的发展奠定了深厚的历史文化基础。1915年，在美国旧金山召开的巴拿马万国博览会上，兰陵美酒荣获金质奖章。1954年，周恩来总理率团参加日内瓦会议，把兰陵美酒作为“国酒”带到宴会上招待与会各国首脑。现在兰陵镇上的最大的酒厂隶属山东兰陵（企业）集团总公司山东兰陵美酒股份有限公司。

确认过眼神儿，是来喝羊汤的人

文／侯雅文

“日高人渴漫思茶，风冷人馋想羊汤。”自打入冬以来，沂蒙地区的街头巷尾，时不时能见到羊汤的热气弥漫。

沂蒙地区的全羊馆多，喝羊汤的人更多。

有西装革履的成功人士，有面容精致的都市白领，还有穿着花睡衣、棉拖鞋的大爷大妈……不管是否相识，借着羊汤的热乎劲儿，人们自然而然变得熟络起来。

后厨内，煮锅汤开，蒸汽袅袅，白色的羊汤钻着羊骨的缝隙咕咕翻滚，香味随之飘了出来。

灶台上，大方盘里码着切好的羊肉片、羊肝块、羊肚丝……大厨师左手抓一把羊肉、羊杂，右手拿大勺子在锅里一搅，手起汤落，正好一大碗，撒一把葱丝，一碗羊汤配置齐全！

沂蒙羊汤炖煮时调料极少，究其原因，在于沂蒙优渥的水土。**熬制羊汤的羊，选用沂蒙特有的黑山羊，它是出了名的“运动健将”，最爱行路攀山、山间跳跃，素有“山羊猴子”之称；也是重度“洁癖”患者，“追求”天然干净，不吃人工饲草，而只肯在高山陡壁上放牧采食。**如此天然放养的沂蒙黑山羊，自然不同凡响。

身形健壮的沂蒙黑山羊不仅用来熬汤是一绝，羊肉做成其他菜品，味道也是别具风味，所以沂蒙的羊汤馆子通常叫作“沂蒙全羊”，羊汤是绝招，酱小排、炖羊肉、炒羊血、拌羊肝等是特色。来到全羊馆的人，只用一碗羊汤解馋虫是不够的，再点上两三个羊肉小菜卷着煎饼吃才足够有味又滋补。

俗话说，“冬吃羊肉赛人参，春夏秋食亦强身”。其实在临沂喝羊汤，没有季节的限定。秋冬季里喝来暖身，春夏吃羊肉，对提高人的身体素质及高温天抗病能力十分有益。

一碗羊汤，四人围坐成一小桌，肉汤醇香浮动，时时闲谈笑声不断。喝上一口羊肉汤，配上鲜嫩的羊肉，心底里的温暖就冒了出来。

温暖，也许来自这碗汤，也许是来自这座城和这座城市中那群亲切的人。

吃春，香椿正当时

文 / 王爽

中国人食用香椿的历史可以追溯到汉代。据说，香椿曾与荔枝一起作为南北两大贡品，深受皇上及宫廷贵人的喜爱。苏颂曾赞：椿木实而叶香可啖。

香椿，一道属于春天的奇怪的野味。喜欢它的人称之为“春季野味中的‘爱马仕’”，讨厌它的人却将它与榴莲、螺蛳粉并称为“美食界的三人邪教”。在临沂人的餐桌上，春季吃野味，必有一道香椿。

吃香椿，讲究一个嫩。“雨前椿芽嫩无丝，雨后椿芽生木质”，谷雨前是吃香椿的最好时节。这时采摘的香椿芽为顶芽，头茬椿芽，不仅肥嫩、营养高，口感也是最好的。

在临沂各地乡村，家家户户都有在房前屋后或庭院里种植香椿的习惯。一场淅淅沥沥的春雨，下了；几度柔和的春风，吹了。香椿枝干顶端裂开了一个个的小口子，不多时日，有嫩芽萌生了，伴着春风，沐着春雨，嫩芽生长得极快。香椿芽是不能等到长大成熟再摘的，不多时日，人们就带着长竹竿和柳条筐将嫩茎采下。从香椿树上现采摘的香椿，散发着浓郁的香味。

香椿芽有香椿炒蛋、炸香椿等多种烹饪方式，还可以加盐腌制后作为下饭菜食用。但临沂人最爱的吃法，还是那道保留了香椿原汁原味的香椿芽拌豆腐。

新采摘的香椿嫩芽，红褐相间的芽叶还未舒展开，香味扑鼻。将香椿入热水微焯后即可捞出，焯水后的香椿梗叶转为碧绿色，将其切成碎末，揉以少许细盐，连同豆腐丁一起搅拌，不必添加过多调味料，口味稍重的可加少许生抽，让口感与色泽一同提鲜。最为动人的一定是最后的那几滴香油，不仅让豆腐变得爽滑，更调和了香椿的味道。此时配一碗白粥，让人食欲大开。

这样一道美味，不仅俘获了临沂本地人的心，更是让汪曾祺“一箸入口，三春不忘”。是不是说得你也心动了？香椿正当时，去临沂吃春吧！

渣豆腐香，渣豆腐甜，扒上一顿管半天

文/程涛

小时候，傍晚一到，在村里街头巷口就能听到一声声呼唤：“孩儿，家来吃饭啦，今天弄的渣豆腐！”尚未玩尽兴的孩子们一溜烟地各自跑回家，转头又抱着卷着渣豆腐的煎饼到巷口接着玩。

伴着嬉笑打闹声、欢笑声，搭配着煎饼，渣豆腐吃起来格外香甜。

渣豆腐又称小豆腐，在沂蒙山区，几乎每个家庭主妇都会做。它和豆腐渣不一样，是将磨豆浆时剩下的豆渣或用碾子研磨的豆面，加上白菜叶子、豆角、野菜叶子或者地瓜秧等蔬菜制作而成的。小时候，妈妈最常做的是山豆角渣豆腐，现在回想起来仍令我垂涎三尺。

做渣豆腐首先要焯蔬菜，焯完蔬菜后将其攥成菜球，挤出多余的水分，切碎备用。将豆渣大火煮开后，加入蔬菜，豆子的醇香和清新的菜香瞬间混合在一起，一同煮开后，掀开锅盖，锅中聚集的香气就如炮弹般瞬间轰炸开来，袭击着人的嗅觉，勾起胃里的馋虫。

渣豆腐这等美味不适合细嚼慢咽的吃法，就适合大口大口地扒进嘴里。扒上满满的一口，硬硬的豆渣和软糯的蔬菜混在一起，说不出的满足感。

当然最具沂蒙风味的吃法是煎饼里加上一根小葱，卷上渣豆腐。渣豆腐的软糯恰到好处地中和了煎饼的劲道，再加上小葱的清香，咀嚼后，香气冲向鼻腔，那种滋味是“老临沂”最不能忘怀的。

时光流转，临沂人的食谱几经更迭，渣豆腐这个略带土味的名字却从未在食谱上消失过。

家常美味也是人生百味，不管我们是否情愿，我们的脚步总是被生活推着前进，但无论我们走多远，无法忘记的永远是儿时的味道。“渣豆腐香，渣豆腐甜，扒上一顿管半天”，那口渣豆腐啊，令人魂牵梦萦……

时间发酵出来的美味

文/王爽

豆豉，是一种以黑豆或黄豆为原料发酵而成的调味品，在鲁菜中必不可少。临沂八宝豆豉更是久负盛名。

八宝豆豉从清嘉庆年间创制至今影响力经久不衰，靠的是“时间”。

八宝，即大黑豆、茄子、杏仁、鲜姜、紫苏叶、鲜花椒、香油、白酒。秋天，新鲜的茄子成熟了，也就该腌制八宝豆豉了。

因用料多，过程繁琐，腌制八宝豆豉更像是举行一场仪式。在我家，平日一手掌握厨房“大权”的母亲此时也得退居二线，经验老到的奶奶总会亲自动手。

茄子在这场仪式里的地位尤为特殊。天刚蒙蒙亮，奶奶就要下菜园摘茄子，现摘的茄子挂着露珠，个个紫得发亮。将茄子洗净切片，码好放进坛子里，加入适量的盐腌制。盐分的拿捏显得尤为关键，用盐不足茄子容易腐坏，用盐过猛又影响茄子本身的风味。凭着几十年的腌制经验，奶奶下手自有分寸。茄子腌制要整整十天，在这个过程中，每天都要翻搅。

在这十天里，奶奶着手准备其他材料。黑豆作为豆豉的灵魂食材，准备起来断不可马虎。挑选个大饱满的黑豆，煮熟后晾干，然后密封发酵。掐算着时日，一周后到了开坛取豆的日子，发酵过的黑豆长满了霉菌。奶奶将黑豆捞出晾干，搓掉霉菌后，浸泡在凉开水中，待豆子脱掉霉菌，吸收水分变得饱满后，再将其捞出在席子上晾干。豆子的晾晒程度关系到豆豉的口感，到三成干时，晾晒工作就要收尾了。

十天后，茄子已经腌制完成。此时，将腌好的茄子压出水分，用茄子水将三成干的黑豆浸泡一刻钟。将杏仁煮熟后，搓掉皮，连同浸泡的黑豆、茄子一同倒入坛中，加入鲜姜、紫苏叶、鲜花椒、香油、白酒等辅料后封坛，历经时间、酿造美味。

封坛后，奶奶开始密切关注天气。春秋季节，要将坛子放置在阳光下，夏季要置于阴凉处，**在笨重又古朴的陶坛中，食材与辅料相遇，经日光发酵，彼此交融，浓厚的酱汁包裹着黑豆的寡淡，杏仁的清脆撞上茄子的软糯，这是一场时间的考验，更是食材们涅槃新生的轮回。**

中秋节前后，开坛，完整经历四季的八宝豆豉终于隆重地走上了餐桌，化作平凡的一日三餐。一道简单的豆豉烧豆腐，就让全家沉浸在美食的欣喜里。用时间酿制美味，用美味感知时间，八宝豆豉就这样代代相传。

匠人匠艺

地道民俗

坚守传承的使命，遇见古老的惊艳。

第八章

拐

龙

灯扛阁，舞出百年流光

文/侯雅文

忽听远方传来锣鼓声声，像有军队整装待发；又见五彩神龙腾空而出，似有翻江倒海之势……人人惊奇是什么如此热闹非凡。循声望去原来是三官庙的龙灯扛阁舞得正欢。

在临沂，无人不知三官庙村有一出开年大戏：龙灯扛阁。龙灯扛阁由“龙灯”和“扛阁”结合而成，既有舞蹈的热烈狂放，又有传统杂技的妙趣。每到正月初，三官庙村万人空巷，人们兴高采烈走上街头欣赏这一曲闹春之舞。

好戏开场，年轻的壮小伙儿舞起一条长达 50 米的大青龙，两条小花龙也紧随其后为之助兴。锣鼓声起，“站龙翻腾”“卧龙翻腾”“盘龙”……各式动作行云流水。龙首时抬时低，龙身或腾或翻，犹如波浪连绵起伏。

舞龙的队伍还没过，表演扛阁的小人儿就亮相登场。年仅三四岁的娃娃，装扮成花俏模样，成人以一根木棍支撑小娃娃，小娃娃稳坐木棍顶端，离地两三米也毫无惧色。“下扛”的成人步伐轻快一步三摇，“上扛”的孩童笑意融融懵懂可爱。上下配合默契，扭动之间十分逗趣。

铿锵有力的鼓点声声入耳，欢脱俏皮的表演丝丝入扣，喜庆的氛围就这样笼罩着整个村庄，仿佛深冬的天气都不再寒冷。

俗话说，外行人看热闹，内行人看门道。外地人来看龙灯扛阁只觉热火朝天喜气洋洋，当地人才知道这一曲闹春舞背后还有吉祥寓意。相传，龙灯扛阁原为祈求来年风调雨顺的祭祀仪式，后因氛围热烈欢脱，在抗日战争和解放战争

时期成为人们庆祝胜利的表现形式。2010 年，龙灯扛阁在上海世博会上大放异彩，使得这一中国民间的传统艺术形式走出国门，面向世界。

年复一年，古老的舞蹈依旧上演。这欢快的舞蹈之中糅合着村邻乡情，寄托着美好祝愿，诉说着生活喜悦……一曲热闹翻腾的闹春舞，舞出了传统文化的百年流光。

TIPS

龙灯扛阁

“龙灯扛阁”是一种“龙舞”和“扛阁”结合在一起的传统舞蹈。过去祭祀求雨时，人们扎起一条龙并将孩子举过头顶随龙狂舞，一般在春节期间表演，多用于祀神和求雨。2010 年，龙灯扛阁作为国家级非物质文化遗产亮相上海世博园“山东周”开幕仪式展演和民间艺术巡游展示活动，受到国内外参观者的广泛赞誉。

这出戏，山东人都爱听

文／王爽

柳琴戏，亦称拉魂腔。旧时，这出戏有着满城抢票、万人听戏的辉煌。柳琴戏的受欢迎程度，从这些流传下来的民谚中便可见一斑：“拉魂腔一来，跑掉了绣花鞋”“拉魂腔进了庄，茶不思饭不想”。

在临沂当地还流传着这样一个笑话，说是有位大姐极爱听柳琴戏，孩子还小便只得抱着孩子赶去听戏。当这大姐跑过一片南瓜地时不小心被绊倒了，她急忙爬起来抱着孩子就走，直到听完了戏，大姐才发现自己怀里抱着的竟是一个南瓜。

听完这令人忍俊不禁的故事，也不禁好奇：究竟是怎样的戏，竟这般惹人痴迷?

这戏起源于清朝乾隆年间，已历经两百余年。能够传承至今，得益于代代从艺者的坚守。

起初，柳琴戏并没有专业的艺人和班社，演唱者都是那些没有土地的贫苦农民。他们在农闲时收拾一点破旧衣服，封门锁户，挈妇将雏，流浪四方，以演唱代替乞讨挣生活。那时候条件艰苦，一条长凳、一张幕布就是一个舞台。

衣食拮据的艰苦条件，使艺人们从生活中得到更多的灵感，将其融入剧本创作中。他们创作的剧本，有的揭露封建统治者鱼肉百姓；有的反映劳动人民的疾苦与愿望；有的描写青年男女爱情故事，倡导婚姻自由；有的歌颂敢于抗争的英雄人物……剧目丰富、题材广泛。

从无专人演唱到形成专业班社；从仅用一把柳琴

作为伴奏到增加笙、笛、二胡、扬琴、低胡、琵琶等伴奏乐器；从着一件破棉袄登台演唱到置办长袍、礼帽、彩绸等行头；从歌谣传唱到改编情节简单的故事再到原创剧本……艺人们用200余年的时间坚守，见证了柳琴戏的兴衰与崛起，让柳琴戏从简单到丰富，直到渐次完善，他们用热爱滋养，用坚持让这出戏生生不息。

2019年山东元宵戏曲晚会上，柳琴戏《桃花缘》选段，让老人们回想起那个赶着听戏的年代，也让年轻人感受到了柳琴戏的魅力——这出山东人都爱听的戏，正年轻呢。

TIPS

柳琴戏

柳琴戏是山东省影响较大的地方戏曲剧种，距今已有200余年的历史。亦称“拉魂腔”，因其伴奏乐器叫柳叶琴，故改名为柳琴戏。柳琴戏唱腔特色鲜明，男唱腔粗犷嘹亮，女唱腔婉转悠扬；柳琴戏剧目繁多，有160多出，经常上演的剧本比较固定的大戏不多，老艺人有“出去进来十八出戏”的说法。

2006年，柳琴戏入选国家级非物质文化遗产名录，现已成为山东省影响较大的地方戏曲剧种。

唱一曲“沂蒙山上好风光”

文 / 周亚

“人人都说沂蒙山好，沂蒙山上好风光。青山绿水多好看，风吹草低见牛羊……”一曲《沂蒙山小调》，唱响大江南北，任谁都会哼几句，都觉得旋律倍感亲切。

这首歌，在沂蒙山已传唱了 80 余年，这首歌，当我还是个孩子时就会唱。教这首歌的老师告诉我们，它是我们的根，是将会牵绊我们一生的旋律。

当时年少，未曾去过远方，满怀壮志，有时候看家是樊笼，看沂蒙山是桎梏，只心系外头的浩瀚宇宙、无尽世界。老师的话哪会放进心里，只当这是长者对年轻人的说教，是左耳进右耳出的絮叨。

长大后，我踏上开往远方的火车，那山、那水、那人都渐渐倒退出视野。列车上突然响起这首《沂蒙山小调》，车窗外的风景渐渐模糊，好像有些什么东西正离我而去，又有些什么东西在我心

里生了根、发了芽，正欲破土而出……

再后来，孩子彻底长成了游子，家乡彻底成了故乡。这曲《沂蒙山小调》竟真如老师所言，常常在我夜深人静的梦里回荡。梦里我又回到沂蒙山的乡间，和童年伙伴坐在高高的谷堆上，远处满仓瓜果飘香，风吹草低处现牛羊。

原来这首歌不仅是有声音的，还是有味道的，有形状的，唯独是不可触摸的，一伸手，就消散了。于是歌声里的青山绿水成了我的床前明月，歌声里的高粱稻花成了我的落日天涯。

明月何时照我还？望极天涯不见家。沂蒙山上好风光，唯自沉吟已断肠……那些在离开故乡时滋生的情绪，早已悄然长成了参天大树，被它笼罩的心底常常一片荒凉，梦醒后的枕边亦是一片湿凉。

当我再次踏上这片魂牵梦萦的土地，车窗外的风景渐渐清晰——春风不改，还是记忆里的绵延青山，还是记忆里的林海花潮，还是记忆里的乡间麦田。

车厢里又想起那曲《沂蒙山小调》，独在异乡时听它是愁肠婉转，此刻却只觉得是恰到好处的欢快悠扬。有些愁绪如沂蒙山间云雾，随着太阳初升而渐渐飘散，游子的心事豁然开朗。

久别了，沂蒙山上的大好风光。

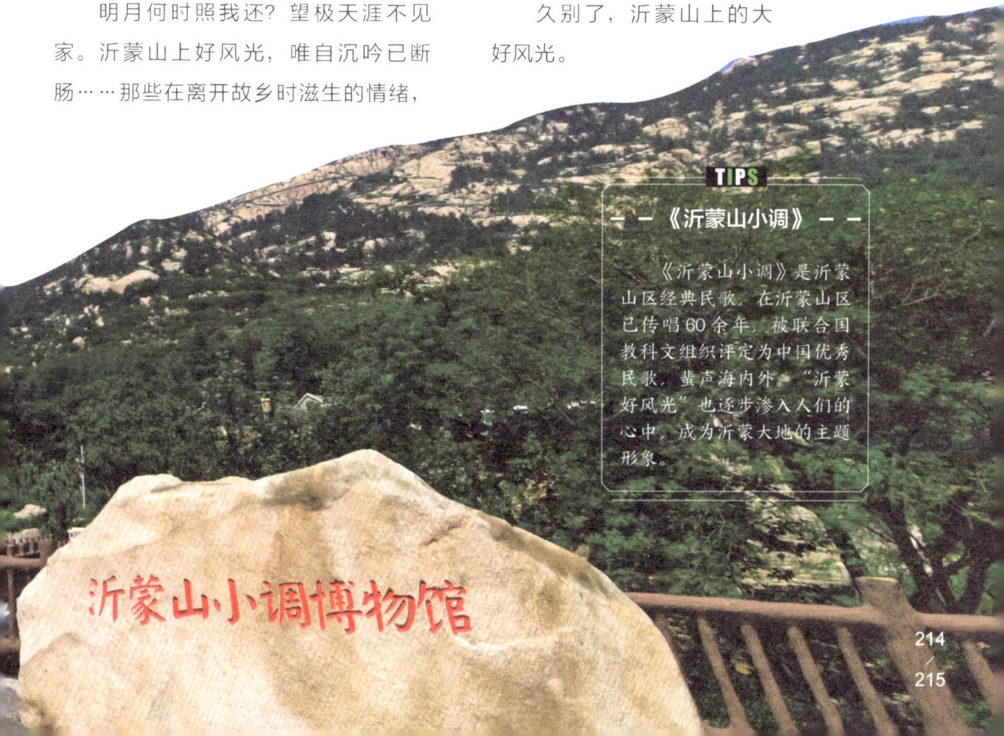

TIPS

《沂蒙山小调》

《沂蒙山小调》是沂蒙山区经典民歌，在沂蒙山区已传唱60余年，被联合国教科文组织评定为中国优秀民歌，蜚声海内外。“沂蒙好风光”也逐步渗入人们的心中，成为沂蒙大地的主题形象。

一块花布里的时光秘密

文 / 周亚

“喜见蒙山浓染黛，欣看沂水淡拖蓝”，说的是蓝印花布；“鹅黄鸭绿鸡冠紫，鹭白鸦青鹤顶红”，讲的是彩印花布。

蓝印花布古朴大方，彩印花布艳丽厚重，它们共同包裹起了沂蒙大地千百年的历史沧桑，铺展开来，就是年深岁久的旧日时光。

临沂蓝印花布印染历史可追溯到春秋战国时期，有史为证：荀子曾任兰陵令，于《劝学》中有言“青，取之于蓝，而青于蓝；冰，水为之，而寒于水”。由此推断，早在战国时期，兰陵一带，便已开始用蓝草制蓝。

人们采集蓝草提取靛为染料，以之染布，色泽素雅，不易脱色。印染过程精细、周密，每匹布需反复染色十余次——第一遍名为“月白”，二遍为“二蓝”，三遍为“鸦青”……因此又有“三分印七分染”之说。

人们再用石灰、豆粉合成防染浆，刻纸为版，附于布匹之上，滤浆漏印，染青候干，去浆，即可得到青白相间的花纹。智慧的人们又设计出人物、花鸟等图案，千变万化，这就是蓝印花布。

彩印花布出现于秦汉，兴盛于唐宋，明清时期就已遍布齐鲁大地，尤以临沂地区的彩印花布最为出名。

在临沂流传着这样的风俗，待嫁新娘的闺房外要挂一块彩印花布。新娘上完妆后，再把它当作包袱，包裹着新郎送给新娘的衣料、腰带、红裹腿布等，抬送到婆家。后来，这块花布被人们当作结婚的信物，长久珍藏。

彩印花布与蓝印花布制作工艺大为不同，头红、二红、深绿、老紫、杏黄、翠蓝……其配色更为多变；打版、制版、刻版、调色、选料、印刷……其工序更为复杂；“四喜石榴”“五毒肚兜”“凤穿牡丹”“百鸟朝凤”……其选材更为丰富。

如今的临沂蓝印花布、彩印花布，经过沂蒙人的传承和发展，已形成强烈的地方特色和独有的艺术风格。它们凝结着沂蒙大地淳厚的民风、老手艺人质朴的匠心，包裹着临沂大地千百年的时光，美丽着，绽放着。

TIPS

彩印花布

费县银座天蒙景区内游客中心东临

0539-7176000　15359398077

春风不老，柳艺长青

文 / 王十五

从储物用的编织收纳盒到春游用的野餐提篮，从装饰用的花篮、摆件到日常用的衣篓、座椅，环保、耐用的柳编制品早已在我们的日常生活中占据了一席之地。

在 2018《星光大道》的舞台上，临沭女孩张馨文凭借一首《牡丹亭》登上周冠军的宝座。和她的歌喉同样吸引人的是她身着的那套柳编裙。

登上央视舞台的这套裙子由两位柳编大师用时近半年编织而成，仅裙身就有 300 多个葫芦、500 多颗珠子，用了 3000 多枝柳条。

说起临沭柳编的历史，可追溯到唐朝。那时，当地村民已从沭河岸边采割杞柳，编织箱、囤、斗、升、筐、篼子、簸箕等生活日用品。

柳编编织技艺复杂，从杞柳的种植、收割、脱皮到编底、编帮、收口的加工过程，再到验收、涮洗、晾晒、上漆、修剪、套布的包装过程，环节繁琐且容不得一点马虎，对手艺人的要求极高。

有着四十多年经验的柳编传承人杨进邦说："编柳需要心诚，偷一点懒，耍一点花招，就会在成品上体现出来，比如筐的帮编得不够均匀，或者筐的底编得不够平整。这是一项需要一心一意的手艺，是非常需要匠人精神的手艺。"

匠人匠心还体现在手艺人对柳编技艺的传承与创新上。

TIPS

柳编

柳编，有平编、纹编、勒编、砌编、缠编五种技法。山东临沭素有“中国杞柳之乡”“中国柳编之都”称号，是全国最大的柳编产业基地，临沭生产的柳编产品出口占全国柳编出口的四分之一。

临沭柳编艺人在日用品的基础上，创新研发出了十二生肖、孔雀、凤凰、摩托车、石磨、碾盘等造型别致的编织品，以及“龙凤呈祥”“三阳开泰”“鹿含灵芝”“国泰民安”等大型柳编艺术品，其实用性与美观性结合的技艺创新赢得了市场认可，继而带来了经济效益，让更多人加入到柳编的传承行列里，越多越来的手艺人靠柳吃柳，柳编技术愈发被发扬光大。

春风不老，柳艺长青。

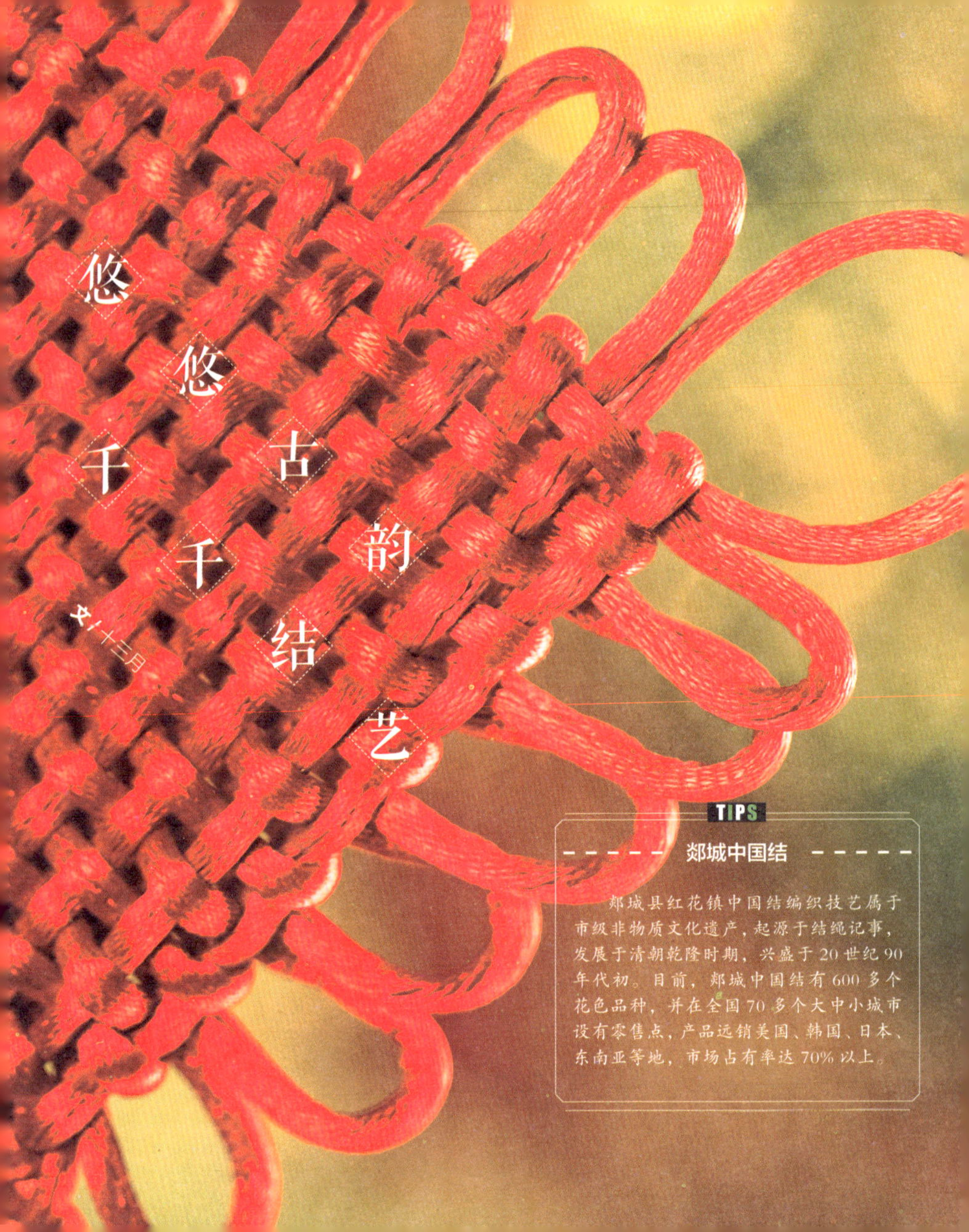

悠悠古韵 千千结艺

文/十三月

TIPS

郯城中国结

郯城县红花镇中国结编织技艺属于市级非物质文化遗产，起源于结绳记事，发展于清朝乾隆时期，兴盛于20世纪90年代初。目前，郯城中国结有600多个花色品种，并在全国70多个大中小城市设有零售点，产品远销美国、韩国、日本、东南亚等地，市场占有率达70%以上。

《周易·系辞下》载：上古结绳而治，后世圣人易之以书契。

这是典故“结绳记事”的由来，是中国汉字的由来，也是传统中国结的由来。

长长一道红色丝线，缠绵折绕，或垂以流苏，或编以珠坠，就成了一枚别致精巧、寓意吉祥的中国结。

中国结最早作为衣物纽扣而被广泛使用。

《诗经》有云：亲结其缡，九十其仪。遥远的春秋时期，“结缡”曾一度成为当时成婚的代称。于是，寄托在小小络结上的情谊也跟着重了，晋朝“竹林七贤”之一刘伶在《青青河边草篇》中写道：梦君结同心，比翼游北林。缱绻情谊可谓浓厚。

到了隋唐，相继出现了常用的基本结法，如万字结、团锦结、十字结等。中国结的编织花样愈发繁多，除了当作服饰纽扣、玉佩流苏、印鉴系节和铜镜系绳外，还衍生出双钱结、龙形结、琵琶结、祥云结等花样，也正是在这个时期，郯城红花镇的姑娘们凭着一双巧手悠悠然走上了历史舞台。

红花镇中国结，在络结界独树一帜，其编制流程繁琐，要经过备料、挂线、编织、下模、调整、整形、定形、组装等八个步骤。年复一年，郯城的手工艺人通过穿、绕、挑、压等技法，编织着纹理精密的画面。

到了民国时期，女性旗袍、团扇造型兴起，盘扣、扇坠等装饰更为雅致、精巧，在这个过程中，郯城中国结凭借精巧的造型和不断的创新一直畅销全国，赢得交口称赞。

改革开放以来，郯城中国结的发展也紧紧抓住了时代的脉搏，由家庭作坊式生产到形成产业集群辐射鲁南、苏北地区，郯城手工艺人凭借智慧和技艺编织出了一片新天地，2017 年作为代表性搭载物和五星红旗一起伴随“天宫一号”升入太空，更是赢得了全世界的瞩目。

由“结绳记事”到升入太空，中国结的演进历史，也是一部中华文明的演进历史。小小络结，凝聚了无数手工艺人的智慧，也见证着五千多年的华夏变迁。

沂蒙手绣：玩转针尖上的艺术

文/十三月

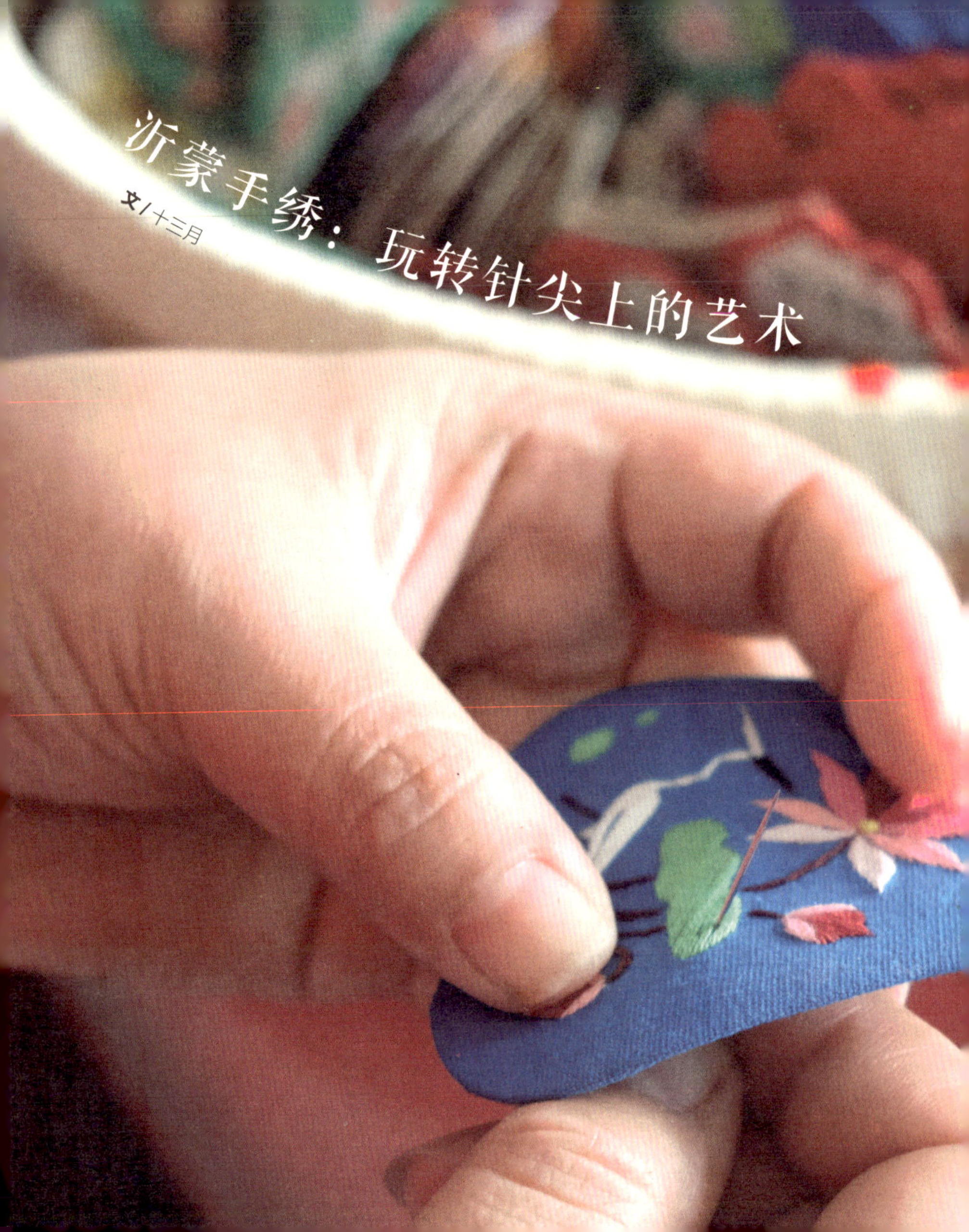

闲日无聊翻书卷，翻出一首小诗：独坐纱窗刺绣迟，紫荆花下啭黄鹂。欲知无限伤春意，尽在停针不语时。霎时，一幅“春日紫荆花袅袅，绣娘独坐窗前引线穿针”的生动画卷仿佛近在眼前。

这样的缱绻画面，多见于江南水乡，若想在北国遇到，地点必然首选临沂。

这个历史长河中的名城重镇，一直以光辉灿烂的文化闻名在外。未见它之前，我以为它是厚重的、粗犷的、淳朴的，见到它之后，才发现它也是悠闲的、雅致的、精巧的。

在一家工艺品店，我拿起小小的荷包，越看越爱不释手。荷包的画面以七彩葫芦为主，针脚细致绵密，色彩渐变中不乏鲜亮元素，四周点缀以葫芦藤、

绿叶和蓝色底纹，整个画面便栩栩如生了。拿起把玩时，荷包的流苏挂坠悠悠荡荡，古意和韵道扑面而来。

店家笑着说："这还不是我们店里最好的呢，你瞧瞧这几个鸳鸯的和荷花的。"

我连忙伸手接过，只见荷包上的鸳鸯惟妙惟肖，色彩斑斓，立体的轮廓非常鲜明；荷花娇艳欲滴，映着团团荷叶，花红叶翠有着吉祥的寓意。当然，临沂荷包在好看的同时，还填充了白芷、辛夷、丁香、朱砂等中草药，使其具有清心、通窍、安神的作用，是不可多得的养生饰品。

见我对荷包上的手绣十分感兴趣，店家也是个热心肠，便为我说道了一二。

沂蒙手绣在继承传统手绣的基础上，增添了现代时尚元素，选料精细，技艺精湛，立体感强，融入藏银、苗银、菩提子、蜜蜡等装饰元素。

古时，手绣作品靠的是闺阁女子日以继夜的穿针引线，现在，沂蒙手绣是无数手艺人精心制作的艺术品。沂蒙手艺人为手绣作品倾注了大量的心血和情感，才换来了沂蒙手绣作品的家喻户晓和推陈出新。

沂蒙手绣，是跃动在针尖上的艺术，也是积淀在心底的情感。

TIPS

沂蒙手绣

沂蒙手绣技艺在继承传统手绣的基础上大胆创新，从色彩上看，既有传统的大红、大绿、粉红、黑等基本色调，又巧妙地运用对比色，呈现出对比鲜明、雅俗共赏的审美性。沂蒙手绣端庄、古雅、夸张、时尚，立体感强，动静互补，具有极高的审美价值。

听乐泉村里奏响乐泉声

文/王十五

在郯城县庙山镇有个“二胡村”——乐泉村，全村 120 户人家中有 96 户常年从事二胡、京胡等民族乐器的制作。说起这个村，说起制作二胡这项手艺，免不了要提起传承人高振保。

高振保师从自己的父亲高永贵，后来把手艺传给了三个儿子，更带动全村人以制作各种民乐器创收，让乐泉村成为远近闻名的小康村。这位 70 多岁的老人，几十年始终坚持制作二胡，用好的手艺打磨时光，为每一把二胡都注入了悠扬的音韵与独特的灵魂。

高师傅介绍，手工二胡制作起来十分复杂，至少需要 100 道工序。

打造一把品质上好的二胡，木料与皮料尤为关键。在众多木料中，“老红木”“紫檀木”“乌木”是做二胡的上等木料，其次不同的结构部位对木料的要求也不同，琴筒要求木料纹理笔直无节疤，琴杆要求木料能承受一定拉力，琴轴要求木料纹路较直、无节疤、无虫蛀孔。

选好木料，就到了选皮料的环节。二胡的皮膜用的是蟒蛇皮，蟒蛇皮的质量决定了二胡的音质音色。首先要看成色，要选雄性的、颜色鲜亮的健康蟒蛇的皮；其次要看蟒蛇的年龄，一两年的蟒蛇皮和六七年的蟒蛇皮在厚度和质量等方面有很大差异；最后要看季节，秋天下霜时宰割的蟒蛇皮质量最好，做出的二胡也是上等的。

在制作的过程中，一节木料，要经过砍、锯、刨、削等两百多道工序，其中，锉是耗时最久、费力最大的一道工序；一块皮料，要根据气候和温度的变化来调整浸泡的时间，泡不到火候或者泡的时间过久，都会使得二胡音色不完美。蒙皮是最考验手艺人的部分，蒙皮的松紧度会对音质造成很大的影响。

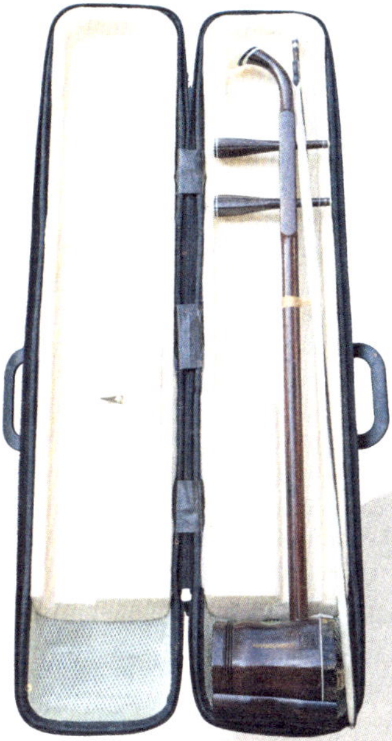

正是因为对每一道工序的严格把控，才让那些做二胡时切削打磨的咿呀声，汇成演奏者弦下动人的旋律，最终让乐泉村凭借优质的产品在全国各地打出了响亮的名声。

TIPS

郯城二胡

郯城县庙山镇是远近闻名的“中国民族乐器之乡”“二胡之乡”。说起庙山镇生产民族乐器的历史，可以追溯到明末清初，早在那时，村民就已经开始手工制作二胡、京胡、板胡、坠器等民族乐器，庙山镇是山东唯一的民族乐器生产基地。

第九章 玖

物华天宝

享誉华夏

空手而来，满载而归。左右采之，不枉此行。

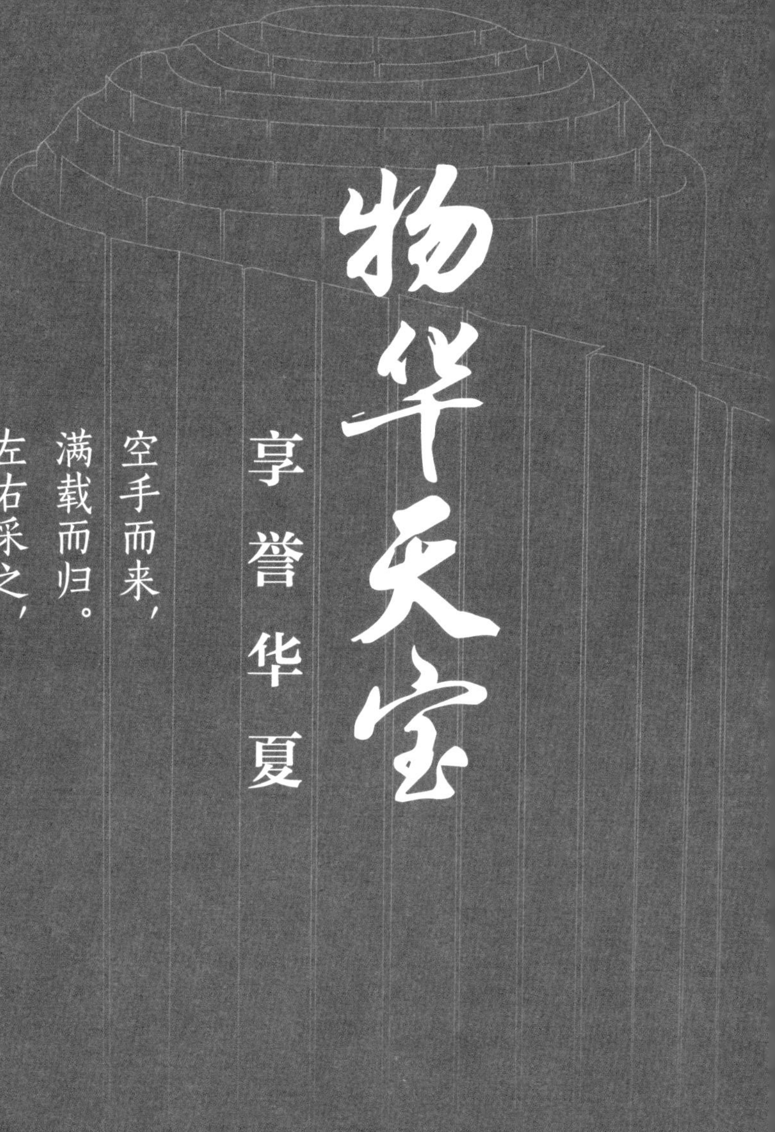

平邑金银花：金山银海觅花踪

平邑栽培金银花历史悠久，其所产金银花质量上乘，药用有效成分数量和含量高于其他地区产品，产量占全中国总产量的 1/2 以上，居全国之首，平邑为中国最大的金银花集散地，被农业部命名为“中国金银花之乡”。

平邑金银花具有花蕾肥大、色泽纯正、味道清香、绿原酸含量高的特点，富含 32 种微量元素，而外地产金银花仅含几种。

春末夏初，花开时节，平邑一片金山银海，花色迷人。

郯城银杏：千年银杏，从古美到今

郯城以“银杏之乡”闻名于世，是中国著名的银杏集中产区，银杏栽培历史悠久。

郯城银杏分布广泛，定植数量较多，仅百年以上的大树就有 3.2 万株。新村官竹寺旁一株古银杏，高达 35 米，胸径 2 米有余，覆荫近亩许，相传为唐时所栽。清乾隆年间《郯城县志》将其列为本地重要标志，载入“果之属”。清代一诗人在郯城赏银杏，曾作诗曰：“出门无所见，满目白果园。屈指难尽数，何止株万千。”这万千银杏，从古美到今。

苍山大蒜：“神机妙蒜”

苍山大蒜，亦称葫或葫蒜，是兰陵特产、中国国家地理标志产品。

苍山大蒜为白皮，头大瓣齐，皮薄如纸，清白似玉，黏辣清香，营养丰富。苍山大蒜除佐餐、烹调用外，还可被加工成蒜干、蒜油、糖蒜等储食。大蒜有很高的食用价值和药用价值，具有清除亚硝酸盐和抗肿瘤作用。苍山居民普遍有常年生食大蒜佐餐的习惯，除此之外，在收获大蒜的季节，蒜薹、蒜苗、新鲜大蒜成为家家户户餐桌上的常见菜品。这苍山大蒜，食之花样繁多，真可谓“蒜”无遗策！

莒南花生：唇齿留香

莒南种植花生有着悠久的历史，据史料载，我国明代便开始种植小花生，清光绪年间引入大花生种植。

莒南多丘陵，地势高、土质多为沙砾土、土壤通透性能好，在这种条件下种植出来的莒南花生个大粒饱，富含蛋白质、维生素E、维生素B等多种营养物质，香脆可口，可以被加工制作成多种风味食品、糖果辅料，有健脑强体的作用。因此莒南花生及其制品，常被当作馈赠客人的佳品。

物华天宝、享誉华夏

费县芍药山核桃：应有柔心与我同

芍药山核桃在费县已有500多年的栽种历史，因最早产于费县芍药山乡，故名“芍药山核桃”，是中国国家地理标志农产品。

芍药山核桃壳薄果大、容易剥落、营养价值丰富。核桃能“补气养血，润燥化痰，益命门，利二焦，温肺肠”，与红枣、龙眼并称为进补的三大干果。有诗云“谁知傲骨坚冰下，应有柔心与我同”，以此赞咏费县山核桃恰到好处。

蒙阴板栗：谁知盘中餐，栗栗皆香甜

蒙阴板栗生长在绵延百余里的蒙阴山脉中，已有1000多年的栽培历史。

蒙山之上有很多20—30年树龄的板栗老树，其所产板栗皮薄易剥、味道甘甜、糯性强，生吃甜脆、熟食软糯，口感诱人，营养丰富，具有补肾健脾、强身健体等功效。每到板栗成熟季，数以万计的游客来到蒙阴，享受亲手打栗子、捡栗子的乐趣。

沂水生姜：“姜山如画”

清康熙年间，沂水就已经开始种植生姜。至今已有300多年的历史。

沂水地处沂蒙山腹地，山清水秀，四季分明，昼夜温差大，积温足，紫外光线强，独特的气候、水源、土质极为适宜生姜生长。所产生姜品质优良，色鲜黄润，姜丝细腻，口味醇正，营养丰富，含有丰富的维生素。到了生姜收获的季节，农民将生姜收拢，堆起一座座姜山，可谓“姜”山如画！

凡心所向

万般风华

无争，独享，写意，留白……

对酒当歌，以茶会友。

在临沂，遇见最真实的自己。

拾

第十章

来临沂，一定要逛这些地儿

文/十三月

沂水之滨，蒙山脚下，临沂这座城市，有着太多的故事和美好。

论古老，它溯源千年。

博物馆内，新石器时期的蛋壳陶、西周的青铜器、汉晋的画像石、隋唐的莲花瓷……都在这里安静沉睡着，徜徉其中，宛若穿越时空。

汉画像石上的人物栩栩如生，时隔2000年，犹如一部镌刻在石头上的浩瀚史诗；青釉胡人骑狮瓷水柱造型奇特，由晋代走来，静静诉说着胡汉文化交流的盛况；青釉盘口瓷壶釉面光亮，稳重端庄，将实用性与艺术性融为一体……林林总总，保存完好，让古老临沂变得隽永生动。

临沂市博物馆

博物馆主体建筑共4层，外观采用了四本书叠加的造型，象征临沂厚重的历史文化。馆内设有八个常设展厅、三个临时展厅以及文物修复中心、青少年活动中心、游客服务中心、科普报告厅等配套服务设施，融合了教育、科研、游览、休闲等多项功能。临沂市博物馆曾先后被评为临沂市青少年校外教育基地、临沂市未成年人社会实践基地等，2013年5月被评为“国家二级博物馆”。

北城新区兰陵路

0539-8600220

论典藏，它有文山书海。

图书馆总藏量达65万余册，浩如烟海，包罗万象。尼山书院内珍藏古文经典，文献资料室追溯红色文化，书法图书馆展示笔精墨妙。还有数不尽的专业书籍、中外名著、流行小说，满足读者各色各样的文学梦。

临沂市图书馆

临沂市图书馆位于兰山区，是国家一级图书馆、十大齐鲁文化新地标之一、全国27个“全民阅读示范基地”之一。

临沂市图书馆场馆建筑高度为150米，面积达2.1万平方米，图书总藏量达65万余册，读者座席有1000余个，日均接待读者4000余人次，建设了尼山书院、红色文献资料室、书法图书馆等特色场馆，两次承办全国阅读推广峰会。

兰山区新华路13号

0539-3212003

论艺术，它有百花齐放。

美术馆书圣阁采用魏晋建筑风格，吸收王羲之书法“飘若游云，矫若惊龙，清风入袖，明月入怀”的书法艺术特点，展现中国书法艺术的风格。馆内在充分展示王羲之文化的同时，也结合时下流行的多媒体展示、文创空间等内容，打造一个集古典与流行于一体、融美感与文化于一身的美术殿堂。

临沂市美术馆

临沂市美术馆位于兰山区书圣阁。美术馆内设当代书法研究院、王羲之书法文化馆、王羲之影视博物馆、文化名人展区及装裱修复工厂、多功能学术报告厅、文创空间、美术书店、未成年人活动中心等多种专业配套设施。

兰山区滨河路10号书圣阁

0539-6379126

临沂市科技馆

设有常设展厅、儿童科学乐园、特展厅、天文展厅、科技万象展厅、脑科学展训厅、天文观测台7个展区，拥有4D、球幕、动感环幕等7个特效科普影院，配有梦幻剧场、激光剧场等两个互动表演剧场，以及青少年科普体验培训区、青少年天文馆、学术交流中心、科普文化传媒制作中心等。展品展项共计320余件。

北城新区府右路8号

0539-8605667

论前沿，它有科技之光

科技馆内，4D影院配备了特效设备，可以实现左右运动、触须扫腿、颠簸、滚珠等特效功能；球幕影院由英国专业公司设计，引进日本高端投影机，视银幕如同苍穹；儿童乐园分为科学城堡、生命乐园、奇幻地带和欢乐竞技4个主题区，是孩子们的快乐天堂。

科技馆以鲜明的主题和尖端的技术，为临沂市民奉献了一场场令人叹为观止的“科技大餐”，也拉近了临沂人与世界前沿科技的距离。

论底蕴，它可博览古今。

在临沂市文化馆，不仅可以欣赏精彩绝伦的艺术演出，近距离和演出明星互动，学习舞蹈、声乐、书法等课程，还可以参观当代名家的艺术展览，领略一脉传承的非遗风韵……回归文化沃土，重拾艺术魅力。

文化、历史、科技在这座城市完美融合，古老、厚重、时尚是这座城市的特点。来临沂，千万不可错过博物馆、科技馆、文化馆以及美术馆、图书馆，当然如果你想看到更全面的临沂，欢迎来临沂，把临沂市的街街巷巷都走一遍！

临沂市文化馆

临沂市文化馆是参与组织全市重大节庆活动和其他群众性社会文化活动；负责培养、辅导群众文艺骨干，开展群众文艺创作；负责研究群众文化理论，参与挖掘整理、抢救、保护非物质文化遗产，组织开展社会、社区、农村文化艺术活动和举办展览等工作的重要机构。

兰山区算圣路

0539-8222603

自家谩诩便便腹，入城方知未读书

文／王天宇

如果说文化是一座城市的灵魂，那么书店便是灵魂的模样。

*书店对于一座城市来说，扮演着不可小视的角色。有限的空间，不仅仅将志趣相同的人关联聚集，更是整个城市精神思潮、创意文化的集散地。*对于临沂来说，临沂书城便是这样一种存在。

临沂，北方水城。与大部分城市一样，晨起时分，熙熙攘攘的人群走向大街小巷，昨日的风尘还来不及平静，却又进入了新的轮回。整个城市像一张密密麻麻的大网彼此连接，同时也不停地拉扯着我们逐渐消融的心。此时不妨放缓自己的脚步，去寻找一份藏匿在身边的惬意。

在晨起的鸟鸣中，远离喧嚣，顺着一条窄窄的小路缓慢前行，树荫落在地下绰绰约约地闪动。临沂书城安静地坐落在这里，没有喧嚣吵闹，只有翻书的沙沙声，一切都如此静谧。一本本崭新的书慵懒地倚在书架上，令人沉醉。慢慢翻开一段故事，细细品味，沉醉于一个闲适美好的早上，沉醉于一个安静惬意的自己。

临沂书城这种开放式的书店，不仅仅是爱书人的一处极佳消遣之地，还为这座城市做出了隐形的贡献。“书中自有颜如玉，书中自有黄金屋”，每个人内心的疑惑都能在这里找到答案。愿我们，都能在生活中抽出一丝时间，享受书香。

临沂书城构造极赋艺术气息，挑高通透的中庭，光线明朗，空间布局步移景异，融入了众多现代前卫的设计元素，木质书架、温柔暖灯、简约的线条扩展了整个书店的延伸性，空中花园、琅琊书吧，咖啡的气息伴随着思绪飞舞，相互浸透，了然于心。

身处于此，不禁想起顾城的诗：草在结它的种子，风在摇它的叶子。

我们身处幽静的书店，静享悠闲时光，十分美好……

TIPS

临沂书城

临沂书城于2001年开业，2017年全新升级，转型升级后的临沂书城，积极探索实体书店经营模式，合理整合自身资源，创新发展旅游产业，实现书店的跨界融合。临沂书城被评为“百佳文化地标”，并被评定为国家AAA级旅游景区。

临沂市沂蒙路146号

0539-8231326

静谧临沂的一片青瓦

文/十三月

每到夏末秋初，临沂这座城市总爱下雨。急时噼里啪啦，缓时淅淅沥沥，唱和着满城的秋叶黄，美则美矣，也总把人逼到屋子里，常常出不得门去。

TIPS

老瓦书店

老瓦书店被誉为“临沂最美的独立书店”，也是临沂最早的一家独立书店。这里有音乐、咖啡、清茶、文创……拥有满满的文艺气息和独特的小资情调。可以选择在一个空闲的午后来书店坐坐，来杯拿铁或者卡布奇诺，一本书，一个下午，就这样静静消磨时光。

兰山区红旗路与新华一路交会路南100米万阅城A座大厅

0539-7577988

每到夏末秋初，临沂这座城市总爱下雨。急时噼里啪啦，缓时淅淅沥沥，唱和着满城的秋叶黄，美则美矣，也总把人逼到屋子里，出不得门去。

这日又是细雨缠绵，正收拾好了家中庶务百无聊赖之际，心底有个声音说：去老瓦书店坐坐吧。

背上书包，撑开雨伞，行动比犹豫快一步。

以前最喜欢在春天去老瓦书店。彼时，鸟语花香，春日熙熙，春暖赶走旧寒，风里夹丝微甜，百花烂漫春光好，最是一年读书时。于是常常待在老瓦书店，挑几本书，点一杯咖啡，或站或坐，或思考或小憩，一待就是整个下午。

当然，心底存有纷扰时也常爱过去坐坐，听几首店长推荐的轻音乐，和熟悉的、陌生的书友聊聊天，书里的世界如此多彩，生命的意义如此辽阔，顿时领悟：于坎坷中行路，才是生活的意义和力量。

而秋日的老瓦书店又是什么模样呢？我轻轻推开了店门。

咖啡的香气首先飘入鼻端，伴着窗外沙沙的细雨，老瓦独成漫天雨幕中的一处惬意之所。书友们稀稀落落地坐着，有的正在翻书，有的托腮看雨，有的三五聚在一起，轻声探讨，生怕惊扰了其他读者。

我选了经典作品《浮生六记》。书中夹着几张便签，上面有其他读者写的感悟，这是书友之间的默契。

回想老瓦书店成立5年有余，我是它最早的一批顾客，它蹒跚起步时，我将身边的书友带到这里，而每当我不开心时，它又成了我的护佑和宽慰。在这个不大的城市中，爱书的人之间，正是以这种方式相互支持着。

暮色四起时，我挑了几本书后告别老瓦，出门后回头一瞥，书店的灯光隐隐约约，一派昏黄之色。

在朦胧的雨幕中，这书店，是静谧临沂的一片青瓦。

桃花杂货铺，有酒的地方就有江湖

文／王十五

TIPS

桃花杂货铺

兰山区营坊巷 1 号

18369551705

金庸的武侠，是酒中的江湖。在他笔下，令狐冲嗜酒、绿竹翁懂酒、祖千秋从品酒到酒具搭配样样精通。

我读金庸，爱惨了他笔下那个有酒的江湖，只恨自己不生活在书里，不能在《射雕英雄传》的桃花岛上，与黄药师一同破解那桃花阵，品尝那醉人的桃花酒。

这丝遗憾，却在桃花杂货铺得以弥补。这间酒馆位于兰山路天主教堂东侧的小巷——营坊巷里，位置十分隐秘，来的都是熟客。

相较于其他酒馆，桃花杂货铺更像是老板的自留地。一间原本历经岁月、

摇摇欲坠的老房子；一只穿梭于旧卡带、收音机、话匣子、手摇电话机、老式挂钟之间的名为伊丽莎白的猫；一位梳着马尾、不甘于平淡的“90后”老板……修缮漏雨的屋顶，用毛笔在墙上题诗作为装饰，以自酿的桃花酒作为主打，老板把这里打造成了一间隐秘却满是情怀的酒馆。

桃花杂货铺又像是酒客的江湖场，杯酒江湖。爱酒的人心中都有一方江湖，江湖里满是故事。桃花杂货铺的存在给这群有故事的人一方江湖，让失意的人有处可去，让孤独的人有温暖可寻，让洒脱的人把酒言欢，让有故事的人围炉夜话，让恋旧的人驻足时光。

推开桃花杂货铺斑驳的木门，点一壶桃花酿，或是听酒客弹一曲尤克里里，或是听老板讲一段老街旧事，不知是桃花酒醉人，还是故事醉人，那些在世事沧桑中迷失的人，仿佛在这里找到了归乡。

给我一杯咖啡的时间，带我走

文/蒙汗药

回顾那些经典的英国影视剧，我们总能看见穿着华丽考究的女人们双手戴着花色蕾丝边手套，头顶一盏插着鲜花的草编遮阳帽，手里端着花纹精致的茶杯出现在下午的某一场聚会中，在午后温煦的阳光中，举止缓慢，微笑动人，静静品味下午茶带来的舒缓与美好。

剧中的生活也许离我们比较遥远，但在我们身边，要寻到这样的休闲之趣，也不是一个难事。

被阳光放大的树荫挥挥洒洒地散落在临沂安静的街道上，没有早上行色匆匆的急促，也没有夜晚歌舞升平的繁华，午后的时光，就像一方缓缓而转的磨盘，细腻地将我们的心思碾碎，让它随着微风飘散开来。

随着街道固执的指引，一间小咖啡店吸引了我们的目光。来到 Barista cafe，用一杯咖啡的时间，带走繁杂的思绪，留下平静的自己。

Barista cafe 面积不大，它呆呆地立在那里，几乎没有任何装饰，浅灰色的招牌被风吹得有些掉色，顺着门口走进去，素色的帘子将打开的窗户半隐半透地遮着，窗外的绿植肆意地伸到窗内来不时摆着头，店家也不去理会，窝在吧台慢吞吞地干着活，好似不想被人打扰。买一杯喜欢的咖啡沿街而行，生怕打扰了这里的安静，对于美好的东西，人们总是格外怜惜，生怕破坏了这难得的安宁。

一杯泛着徐徐热气的咖啡，装满了整个令人陶醉怅然的下午。灿烂的夏日时节，在快节奏的工作间歇，走出单调乏味的空间，享受片刻悠闲的午后时光，丝丝微风，声声鸟鸣，似乎已与时间无缝交融，此时，时间的快慢似乎已经无关紧要，世界只有卷动的树叶，把心情舒展平静。

当你有了这份心境，你便理解了下午茶歇的要义所在，拥有了别人偷不走的静谧时光。

逛啤酒超市，喝 GALA beer

文 / 十三月

遇见 GALA 啤酒超市，实属误打误撞。

夏日的夜晚，一边走在临沂的大街小巷，一边想着该去哪里消遣时光。转过一个路口，就看见了 GALA 啤酒超市。

推门入内，目之所及是两个非常壮观的大酒柜。

酒柜里的啤酒林林总总，我在挑选时犯了难，店长忙走出吧台为我“排忧解难”。在店长的推荐下，我挑了一瓶菠萝果味啤，坐到高脚椅上，一边品味，一边看着窗外的临沂夜色，店长好客，又送来几块切好的西瓜。瓜果、啤酒、不倦的蝉鸣和眨眼的星星，不正是夏日夜晚的最佳搭配吗?

不一会儿，客人陆续多了起来，我走到吧台，和店长聊了起来。

店长显然发现了我的兴趣点，他说临沂的酒吧已经够多了，闹吧太吵，静吧难出新意，他打算另辟蹊径，做点儿不一样的，想通过几年时间的努力，把 GALA 打造成为临沂市最大的啤酒超市。

在我看来，现在的 GALA 已经是临沂最大的啤酒超市了，店长却谦虚地说，他还会继续网罗世界各地的好喝的啤酒。

结账时，发现 GALA 的价格非常实惠，

于是又挑了几瓶，带回家也送给身边喜欢啤酒的小伙伴，后来得到了一致好评。

如今，带回家的 GALA 啤酒已经喝完了，胃里的馋虫开始一个劲地闹腾，和店长联系，他说过几天会有一批好酒到店，可我却已经等不及了，只想立刻品尝 GALA 的美酒，体验 GALA 的静谧和音乐。

你瞧，窗外夜色正撩人。

如果你也想探索临沂夜生活的新玩法，来吧，和我一起，逛啤酒超市，喝 GALA beer！

TIPS

GALA 啤酒超市

GALA 啤酒超市以啤酒的种类和数量闻名，几乎网络上备受好评的各国啤酒，在这里都可以找到。超市内的啤酒不但好喝，而且价格实惠。GALA 环境优雅静谧，是一个夜晚消遣的好去处。

兰山区银座后街与八一路交叉路口东侧

15553935366

日日夜夜，橡树花开

文 / 蒙汗药

“燕子和恋人总要有地方停留，山雀和少年还要去那里歌唱，蝴蝶和孩子不能没地方玩耍，庄稼和希望都要在这里生长。”

踏进老橡树 livehouse，脑海里突然响起野孩子乐队的这首歌——老橡树就是我想象中可以大口喝酒、放声歌唱、自由生长的地方。

老橡树，临沂最老牌的 livehouse，已有 11 年历史，被视为临沂青年的音乐圣地、精神坐标。万晓利、莫西子诗、赵照、南无乐队、痛仰乐队、葬尸湖乐队、丢火车乐队、耳光乐队、二手玫瑰……众多国内前卫独立音乐人、乐队组合来此演出，只因这

里有鲁南地区最久远、最扎实的摇滚乐根基，有全临沂最忠实、最血性的“铁托”。

民谣、金属、朋克、电音……听众在音乐中迷醉；野格、苦艾、鸡尾、精酿……来者在酒精中苏醒。晚八点半准时营业，九点演出，凌晨五点打烊，乐迷们就在这八个小时的时间里来到老橡树——“当一切入睡，我常兴奋地独醒”，不眠的人围坐一起，纵情躁动青春的荷尔蒙，举杯共饮浓烈爱恨的残酒，和音乐厮混缠绵……让这棵“老橡树”的点点微光，照亮平淡生活里的那处昏暗。

传说，在宙斯神殿的山地森林里，矗立着一棵参天橡树，橡树叶的沙沙声就是众神之王宙斯对古希腊人的晓喻。

或许老橡树，就是临沂乐迷心中的那棵圣树，它指引我们，在现实世界里保持审慎和坚强，在音乐世界里保持热血和激情，无所畏惧，横冲直撞，只管自由生长。

沂水河畔，日日夜夜，橡树花开。

TIPS

老橡树 livehouse

老橡树 livehouse，临沂第一家 livehouse，致力于现场音乐的普及，青年文化的推广和本土音乐人的扶植，让更多的青年走出工作和居住的方寸之地，遵从自己的内心，走进 livehouse，走到大街小巷，走上柔软的草坪，甚至航行到大海之上，在现场感受到活着不一样的意义。

兰山区 G205（沂蒙北路）颐高上海街二期负一楼

13220656600

一间叫流浪的酒吧

文/王爽

音乐对一个人的影响有多大呢？

对于伊索而言，音乐常使死亡迟延；对贝多芬来说，音乐是比一切智慧、一切哲学更高的启示；在乐迷看来，音乐是音乐节的狂欢，是演唱会的应援。我呢，则是在一天的嘈杂过后，于临睡前独享一段音乐带给我的安静时光。

你看，关于这个问题，每个人都有着不同的答案。

在流浪酒吧，我听到了这样一种答案：音乐对酒吧老板的影响，就是让他传承了这间酒吧的布鲁斯文化。

他是这间酒吧的第二任老板，第一任老板是位外国友人。当年，外国友人把布鲁斯音乐带来临沂，开了这间临沂第一家布鲁斯音乐酒吧。他从这间酒吧开始接触到布鲁斯，并迷上了这种音乐。在外国友人离开中国时，因为对布鲁斯音乐的热爱，因为音乐情怀的羁绊，他接手了这间酒吧，并延续了酒吧主打布鲁斯音乐的特色。

一个酒吧的生意好不好，酒是很重要的组成部分，在这之上的，一定是酒吧的文化。显然，音乐是流浪酒吧的灵魂。流浪酒吧，也因为音乐的存在，吸引了许多当地乐队和歌手前来驻场演出。

它举办“周杰伦——女生翻唱专场”，安静地致敬青春，让那些听着杰伦歌曲长大却身处城市忙于奔波的人找寻属于他们少年时代的记忆，属于学生时代的秘密与心事；它举办“室内电音派对”，欢快地感受夏日，让人们沉醉在电子音乐的纯粹与个性中，卸下伪装的外壳，抛掉社交的压力，轻松地跳舞、喝酒、交朋友。

这是一间叫流浪的酒吧。它用音乐疗愈心灵，让喜欢音乐的朋友在这里相聚，让每一个日趋平凡的普通人，不再甘于只安于一隅，而是选择打破循规蹈矩的桎梏，去清晰地感知时光，勇敢地探索自己。

Tips

流浪酒吧

地 兰山区通达路与涑河南街交会处往西 150 米路南

18653936215

第十一章

拾壹

私享

仙源泉暖

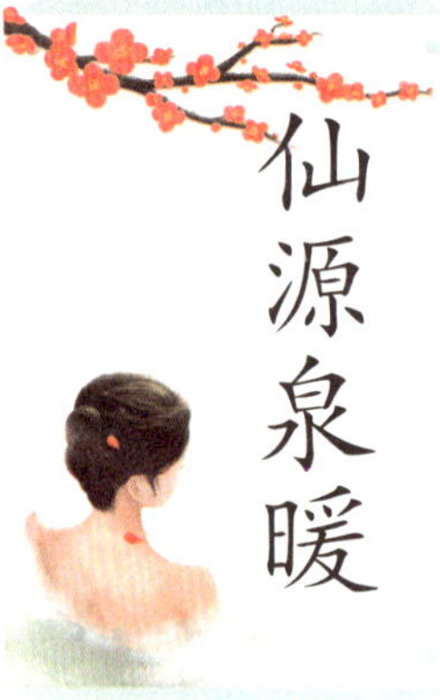

康谷温泉酒店

临沂市平邑县柏林镇龟蒙景区向北 300 米

0539-2091118

鲁地天沐温泉

郯城县新村银杏产业开发区

0539-2103500

观唐温泉

河东区滨河东路与汶泗路交会处

0539-8707555

智圣汤泉旅游度假村

沂南县朝阳路北首

0539-3773888

鲁商知春湖温泉酒店

汤头温泉旅游度假区 206 国道与御汤街交会处

0539-8116666

东方瑞海国际温泉度假村

沂水县长安路与新南环路交界处

0539-2209222

奥华国际温泉

山东省临沂市河东区滨河东路与奥华路交会处

0539-8712888

临沂畅购

和谐广场

解放路 158 号

0539-8379999

东方不夜城

通达路与前十街交叉口

0539-8177000

银座商城

红旗路 11 号

0539-3217088

颐高上海街二期购物中心

北城新区沂蒙路 87 号

0539-8630999

华百购物中心

平邑县汉阙路与浚河路交会处

百丽广场

新华路与红旗路交叉口

饕餮沂蒙

蒙阴光棍鸡店(蒙山店)

蒙山旅游区云蒙景区售票处东行 500 米路南

0539-4552001

沂南县五斗柴火锅

沂南县振兴路与历山路交叉口东北角(汉庭酒店西临)

0539-3276777

朝阳糁馆

兰山区兰山路与沂州路交汇向南 50 米路西，
距王羲之故居步行 940 米

13181238898

煎饼卷大葱

沂水县西环路正阳路口(近沂河明珠)

0539-2262228

艺术与酒

拉萨时光吧

兰山区涑河北街鲁商凤凰城 A2-109

0539-3111106

街角西餐·酒吧

富利湾 1 号

18669322967

517 音乐酒吧

兰山区双岭路鸿儒国际大厦 1 楼

15254937333

时光咖啡酒吧

河东区兰亭路与解放东路交叉口九州商业街中段

0539-8768818

星级酒店

临沂荣华大酒店

兰山区新华路 121 号

0539-8329888

临沂翔宇豪生大酒店

河东区兰亭路 101 号

0539-7337777

临沂华盛江泉城大酒店

罗庄区罗六路与双月路交会处

0539-3118888

临沂鲁商铂尔曼大酒店

兰山区涑河北街 1 号

0539-8186666

陶然居大酒店

兰山区陶然路 163 号

0539-8316888

临沂宾馆（沂蒙路店）

兰山区沂蒙路 322 号

0539-8968888

临沂宾馆（大学酒店）

兰山区双岭路与王庄路交会处

0539-8961888

临沂宾馆（经济技术开发区店）

河东区经济技术开发区香港路与沂河路交会处

0539-8967799 8967199

经济酒店

锦江之星（临沂通达路店）

兰山区通达路 129 号（与成才路交会处）

0539-7208111

尚客优精选酒店

兰山区临西十二路与双岭路交会处向南 300 米路东明珠购物中心旁

0539-7962666

全季酒店（临沂金雀山路店）

兰山区金雀山路 139 号

0539-7976777

特色民宿

四门洞村花筑·洞贤居（星空农舍）

沂水县院东头镇四门洞村

15588046000

沂蒙山舍

蒙山旅游度假区

18660975697

图书在版编目（CIP）数据

畅游临沂 / 《畅游临沂》编委会编著. — 济南：山东友谊出版社，2020.6

ISBN 978-7-5516-2078-9

Ⅰ. ①畅… Ⅱ. ①畅… Ⅲ. ①旅游指南－临沂 Ⅳ. ① K928.952.3

中国版本图书馆CIP数据核字(2020)第078295号

畅游临沂

CHANGYOU LINYI

责任编辑：肖静

主管单位：山东出版传媒股份有限公司

出版发行：山东友谊出版社

地址：济南市英雄山路189号　邮编：250002

电话：出版管理部（0531）82098756

市场营销部（0531）82098035（传真）

网址：www.sdyouyi.com.cn

印　　刷：青岛海蓝印刷有限责任公司

开本：889mm×1194mm　1/32

印张：9.125　字数：300千字

版次：2020年6月第1版　印次：2020年6月第1次印刷

定价：58.00元